La petite vie
d'Azélie

Conception couverture : © Christophe Roger
Illustration couverture : © P. M.

Composition : Soft Office (38)

89, bd Auguste-Blanqui – 75013 Paris
www.editions-emmanuel.com

ISBN : 978-2-35389-984-5
Dépôt légal : 2e trimestre 2022

Aurélie Guyon

La petite vie d'Azélie

Née pour le Ciel

Éditions Emmanuel

À vous, Tite et Fleur-Marie, mes enfants chéris,
à mon mari fidèle et patient,
à vous petits bébés dont l'âme s'est envolée,
à vous parents qui avez perdu un enfant,
à vous qui donnez toute votre vie
pour votre enfant « différent »,
à vous qui cherchez Dieu dans les difficultés de la vie,
et à vous qui ne le cherchez pas.

Préface

La petite vie d'Azélie est l'histoire d'une vie blessée, trop courte mais remplie d'un amour confiant. Cet enfant n'aura vécu que 31 jours, vaincu par un corps trop fragilisé par la trisomie 18. Une vie si courte et pourtant si pleine de grâces. C'est le témoignage émouvant que Frédéric et Aurélie nous livrent dans ce livre où toute la puissance de la souffrance et de la résilience s'exprime.

Lorsqu'ils apprennent que leur enfant est atteint d'une trisomie 18, les parents d'Azélie gardent l'espoir et l'amour au fond de leur cœur. Cette petite fille leur est confiée par le Seigneur. Ils font alors confiance à sa volonté et s'abandonnent. Face à une médecine qui leur propose l'avortement comme solution, ils ne se découragent pas et tiennent bon, conscients que cet enfant, malgré sa courte vie, est un don, et qu'il sera un enfant de Dieu à part entière.

Nous traversons grâce à cet ouvrage une belle méditation sur l'épreuve surmontée en couple, sur l'accueil inconditionnel de la Vie, sur le handicap et sur la médecine, dans une société qui ne comprend plus ses fondements anthropologiques.

Dans l'évangile de Marc, le Seigneur dit à ses disciples : « *Va, vends ce que tu as et donne-le aux pauvres ; alors tu auras un trésor au ciel. Puis viens, suis-moi* » (Mc 10, 27). Frédéric et Aurélie ont dû quitter Azélie trop vite, mais ils ont fait confiance à Dieu. Tout comme Job, ils se sont écriés : « *Le Seigneur me l'a donné, le Seigneur me l'a repris, béni soit son nom.* »

Nous confions à l'intercession du professeur Jérôme Lejeune, grand et courageux défenseur de la Vie, toutes les familles confrontées à ces épreuves qui veulent, avec courage et lucidité, accueillir toute vie naissante, don de Dieu.

+ Dominique Rey
évêque de Fréjus-Toulon,
23 décembre 2021

Préambule

Nous nous sommes mariés en 2007, sur le tard. Fred avait déjà soufflé trente-sept bougies et j'allais faire de même au mois d'octobre. Bien entendu, l'accueil d'enfants faisait partie de notre projet de mariage.

Frédéric est agriculteur, il élève vingt-cinq vaches laitières. De mon côté, j'ai une formation de graphiste mais j'ai renoncé à mon métier pour aider Fred dans son travail et retaper la vieille ferme que nous habitons. Bricoleuse, j'y ai mis tout mon cœur et toute mon énergie pendant deux années.

Fin 2009, voici notre maison transformée, modernisée, prête pour accueillir des enfants ! Mais la famille ne s'agrandit pas… La vie tarde à éclore dans notre foyer. Nous avons bien tenté de recourir à une aide médicale mais les lourds protocoles auxquels nous nous sommes soumis n'ont pas porté de fruits. Nous abandonnons après dix-huit mois de suivi et quatre inséminations. Si ça avait dû marcher, ça aurait marché ! Nous sentons que notre chemin est ailleurs.

Nous nous lançons donc dans neuf mois de démarches en vue d'une adoption et, le 21 octobre 2010, nous obtenons l'agrément pour une fratrie. Mais les chances de devenir parents restent faibles car nous sommes trop âgés pour prétendre accueillir un pupille de l'État et, à cette époque, les pays étrangers ferment leurs portes à l'adoption internationale les uns après les autres, pour différentes raisons. Les réponses négatives pleuvent. Nous pourrions demander un enfant à particularité ou handicapé, mais nous ne nous en sentons pas la capacité.

Pendant ce temps, nous accueillons avec joie les amis de passage, mes parents venus donner un coup de main aux travaux…

Et puis, Fred a un projet : il souhaite créer un atelier de transformation fromagère dans le but de mieux valoriser le bon lait qu'il produit et d'assurer la subsistance de la famille tout en accomplissant sa vocation d'agriculteur. Son but : nourrir les gens. N'est-ce pas pour cela qu'il a repris la ferme de ses parents ? Ce projet ne se fera pas sans moi. Me voilà donc en formation agricole pendant toute l'année scolaire 2009-2010 ! Le 1er juillet 2010, BPREA[1] en poche, je deviens officiellement agricultrice. Peu à peu, le projet prend forme. Nous travaillons avec entrain à la transformation de la ferme et à la création de la fromagerie.

Bref, nous avons de quoi nous occuper et n'avons pas beaucoup de temps pour nous apitoyer sur notre sort. Tout ce que nous faisons, nous le faisons en prévision de faire vivre notre famille… Mais la famille ne s'agrandit toujours pas…

1. Brevet professionnel responsable d'exploitation agricole.

Nous vivons cela douloureusement et sereinement à la fois, dans la foi et la confiance en la Providence, certains que, de toute façon, nous ne passerons pas à côté de notre vocation. Le Seigneur pourvoira…

Cela ne se fait toutefois pas sans un pèlerinage à Lourdes, celui des mères de famille à Cotignac en 2008, des larmes et des prières… Y compris de nos parents et de quelques amis.

Finalement, fin 2010 nous apprenons que la naprotechnologie[1] est arrivée en France. Cette technique d'aide naturelle à la procréation porte déjà des fruits dans d'autres pays, dont l'Irlande et les États-Unis. Sans hésitation, nous contactons l'unique médecin qui pratique cette méthode en France à ce moment-là. Et, en août 2011, après un léger traitement bien ciblé, je suis enceinte de notre fils aîné, Tite, qui naîtra en mai 2012. Notre prière a été exaucée !

Sa petite sœur, Fleur-Marie, arrive vingt-deux mois plus tard pour notre plus grand bonheur, en avril 2014. Nous sommes comblés par ces enfants nés alors que j'avais 41 et 43 ans. Mais pendant l'été 2014, alors que Fleur-Marie n'a que 4 mois, je m'entends dire à ma belle-sœur

---

1. Naprotechnologie est l'abréviation de *Natural Procreative Technologie*. C'est une aide médicale pour favoriser une conception naturelle, avec un accompagnement personnalisé. Voir https://www.fertilitycare.fr/naprotechnologie/

que j'ai le sentiment que ma famille n'est pas complète. Je me rappelle la réaction de mon frère : « Quand même, deux enfants, c'est déjà pas mal ! » C'est vrai, c'est déjà pas mal et je vais sur mes 44 ans…

De toute façon, nous verrons bien…

Première partie

ÊTRE

« Nous voulons la laisser être ce qu'elle est
et vivre ce qu'elle a à vivre. »

Ce n'est pas vous qui m'avez choisi,
c'est moi qui vous ai choisis et établis
afin que vous alliez, que vous portiez du fruit
et que votre fruit demeure.

Jn 15, 16

Surprise !

En mars 2015, grande surprise ! Je suis à nouveau enceinte. Notre joie est immense ! Merci Seigneur d'agrandir ainsi notre famille !

Des questions matérielles se posent. Avec trois jeunes enfants, il va falloir envisager de changer de voiture. Je commence même à chercher sur Internet les modèles permettant de mettre trois rehausseurs de front ! Pas si simple… En réalité, ce ne sera pas nécessaire, mais nous ne le savons pas encore…

Je contacte le médecin qui me suit en naprotechnologie. Elle accepte de suivre cette nouvelle grossesse et me prescrit la progestérone dont j'ai besoin pour prévenir toute fausse couche car mes taux, vérifiés tous les quinze jours, sont souvent trop bas en début de grossesse.

Une échographie de datation a lieu le 31 mars 2015. Tout semble tout à fait normal, à part la date présumée de conception de ce petit bébé qui mesure à présent 7,7 mm : l'échographiste place ce moment au 27 février. Or, grâce à la naprotechnologie, je suis parfaitement l'évolution de chaque cycle. Je me rends compte que ce petit bébé ne peut pas avoir été conçu à cette date-là car l'ovulation aurait été dépassée de trois jours, sans compter que nous n'avons pas eu d'union autour de cette date ! Je pense plutôt que la conception de cet enfant a eu lieu le 21 février. Quelle importance, me direz-vous ? Forte de l'expérience de mes deux précédentes grossesses, je suis particulièrement attentive à cela. En effet, la date de conception de Tite avait été mal évaluée par l'échographiste qui l'avait vieilli de plusieurs jours. Cela avait valu le déclenchement de sa naissance alors que pour moi, qui connaissais parfaitement la vraie date de sa conception, nous étions tout juste à terme. On aurait pu attendre encore quelques jours sans danger, pour le laisser choisir lui-même le moment de sa venue au monde. On aurait peut-être évité le déclenchement, les ventouses et la contrariété que peut engendrer pour un bébé une naissance forcée.

Mais revenons à ce petit bébé. Celui-là, contrairement à son grand frère, est rajeuni de six jours... Je comprendrai plus tard que cette différence de date était probablement due à son retard de croissance, déjà visible à huit semaines d'aménorrhée !

Un mois et demi plus tard, petit bébé a bien grandi. Il mesure 62,2 mm à l'échographie des 12-13 SA[1]. Tout semble bien aller. Nous sommes très heureux et émus de voir ce minuscule bout de chou qui bouge déjà ses petits bras et dont le minuscule cœur bat la chamade.

Juste après l'échographie, nous nous rendons, comme prévu, chez notre médecin généraliste. Rien ne l'alerte

1. SA : semaines d'aménorrhée. 12/13 SA équivalent à environ trois mois après la fin des dernières règles.

particulièrement. C'est elle qui suivra ma grossesse jusqu'au sixième mois. Comme d'habitude, elle nous propose de faire le dépistage de la trisomie 21. Comme d'habitude, nous lui disons que nous ne souhaitons pas le faire puisque ça ne changerait rien pour nous. Elle n'est pas la première à nous dire qu'à notre âge, le « risque » est plus important ! Risque, mot que nous n'aimons pas employer. Non, ce n'est pas un risque, c'est une « possibilité »…

Après notre rencontre providentielle sur Internet huit ans plus tôt (le 11 février 2007, jour de la fête de Notre-Dame de Lourdes !), Frédéric et moi avions abondamment échangé ; par mail d'abord, puis par téléphone. Frédéric étant éleveur de vaches laitières et moi travaillant à Paris, nous ne nous voyions qu'un week-end de temps en temps. Mais déjà, nous nous préparions à nous marier. Cette préparation passait par l'évocation de sujets importants de la vie. Il s'agissait pour nous de vérifier que nous étions en accord sur les choses importantes, voire fondamentales. Un jour, je lui avais donc demandé ce qu'il ferait si nous attendions un enfant porteur d'un handicap. Il avait réfléchi un instant et dit qu'il ne ferait rien de spécial et qu'il n'y aurait, de toute façon, rien d'autre à faire que d'accueillir ce qui nous serait donné. J'avais reconnu clairement, dans cette réponse toute simple, la droiture, le pragmatisme et la foi de Frédéric, que j'avais perçus dès nos premiers échanges écrits. « Pas sérieuse s'abstenir », avait-il précisé dans son annonce sur Meetic. Cette petite mention m'avait particulièrement intéressée. Oui, la vie est une chose sérieuse. Non, on ne s'engage pas à la légère. Oui, la vie est une prise de risques et je le voyais prêt à les assumer jusqu'au bout.

De retour à la maison, à la lecture du compte rendu de l'échographie, un élément attire pourtant mon attention : l'épaisseur de la nuque, qui mesure 2,9 mm. Il paraît qu'en dessous de 3 mm, c'est normal. Mais je ne peux pas m'empêcher d'aller comparer avec les mesures de Tite et de Fleur-Marie au même terme. L'épaisseur de la nuque de Fleur-Marie était de 1,5 mm, celle de Tite d'1,2 mm. Je ne suis pas échographiste, je n'ai aucune compétence en la matière mais une telle différence ne me laisse pas insensible. Au fond de moi, je m'interroge. Je me demande si le petit bébé que nous attendons avec tant de joie ne serait pas, pour le coup, porteur de trisomie 21.

Félicité

La trisomie 21 ne m'est pas complètement étrangère puisque Paul, un de mes nombreux cousins, en est porteur. « Ti-Paul », comme on l'appelait lorsqu'il était enfant, et sa trisomie 21 font partie de ma vie, même si je n'ai jamais eu à en assumer le quotidien, comme mes cousins et leurs parents l'ont fait et le font toujours quarante-six ans après sa naissance. Nous avons été voisins pendant de nombreuses années. Quatrième d'une famille de six enfants, il était avec nous lorsque nous faisions, en joyeux cortège, le trajet pour l'école. Souvent, j'allais jouer avec sa grande sœur qui avait le même âge que moi. Parfois l'alerte était lancée, Paul avait disparu. Nous prenions alors nos vélos pour parcourir les rues de notre petite ville de banlieue à la recherche du promeneur insouciant. Un jour, nous l'avons retrouvé dans l'église en train de « prier pour Mouguy », son labrador qui venait de mourir. Paul avait plein d'amis trisomiques comme lui. Ils se retrouvaient souvent pour des sorties et activités, et parfois une grande fête était organisée, à laquelle nous étions tous invités. Nous dansions alors ! Paul aimait beaucoup danser le rock ! Il ne s'en privait pas dès que l'occasion se présentait, particulièrement lors des mariages de ses nombreux frères, sœurs, cousins et cousines. Et sa plus grande fierté était d'inviter à danser la mariée !

Ces petits millimètres en trop sur l'échographie, immanquablement, évoquent pour moi mon cousin Paul. Me remonte alors à la mémoire l'histoire de sa petite sœur mariée à 22 ans à qui, lors de sa première grossesse, les médecins avaient prédit la naissance d'un enfant également trisomique. Elle avait tenu bon face aux pressions qui lui avaient été faites pour faire une amniocentèse. Ce n'était pas tant à cause des risques de fausse couche que cet examen pouvait entraîner, qu'en raison de sa détermination à ne pas envisager d'IMG[1], quoi qu'il arrive. Elle aurait d'ailleurs prononcé cette phrase qui m'avait alors été rapportée et avait fait toute mon admiration : « Je ne veux pas tuer mon frère. » Finalement, après une grossesse éprouvante, son fils était né en parfaite santé, suivi par quatre autres garçons non moins magnifiques !

En ce printemps 2015, je vais également faire une rencontre importante. Une petite Marie de 2 ans, adoptée dans une famille qui compte déjà six enfants biologiques. Cette petite fille, porteuse de trisomie 21, est un rayon de soleil pour sa famille. Clotilde, sa maman, lui a créé une page Facebook appelée « Tombée du nid »[2], sur laquelle la

1. IMG : interruption médicale de grossesse.

2. Clotilde Noël est également auteur de plusieurs livres : *Tombée du nid* (Terramare, 2015), *Petit à petit* (Salvator, 2016) et *Risquer l'infini* (Salvator, 2019). Son mari Nicolas et elle ont adopté, après Marie, deux autres enfants porteurs de handicap : Marie-Garance et Frédéric, dit Frédo.

parole est donnée à d'autres familles qui témoignent de la naissance de leur *enfant différent* et de leur vie avec lui. Ces témoignages, souvent très émouvants, où se mêlent rires et larmes, me nourrissent pendant ces semaines d'incertitude. Je vois que la présence d'un enfant handicapé, après l'inévitable choc de l'annonce et malgré les difficultés au quotidien, peut être source de joie et enrichir une famille.

Petit à petit, l'idée que grandit en moi un enfant porteur de trisomie 21 s'affirme. Je n'en ai pourtant aucune certitude. Personne ne m'en a parlé. Juste un petit millimètre sur une échographie. Je ne me rappelle pas si j'en ai parlé à Fred. Peut-être un mot? Ah si, peut-être un soir, j'ai dû lui dire: « Si notre bébé a une trisomie 21, on pourrait l'appeler Félicité ? » J'avais cette idée dans la tête. Félicité, si c'est une fille, ça voudrait dire que cet enfant serait porteur de joie! Je suis dans la paix.

Pendant ce temps-là, la vie continue. Tite souffle ses trois bougies au mois de mai. Fleur-Marie s'affermit dans la marche. Ils vont tous deux à la garderie deux jours par semaine. Je travaille à la fromagerie, effectue les livraisons, aidée par Pauline qui travaille avec nous à temps partiel depuis trois ans.

Début juillet, je pars en vacances chez mes parents, à Aix-en-Provence. Fred reste à la ferme pour s'occuper des animaux: les blés sont bientôt mûrs, la moisson ne va pas tarder. Il sera tranquille pour travailler. De mon côté, je suis heureuse de retrouver mon parrain et mes cousines que je n'avais pas vus depuis longtemps. Je revois également une amie d'enfance et ses enfants déjà plus grands que les miens. Je savoure ces moments et pense à mon bébé. Chacun se réjouit de cette troisième grossesse. Châteaux de sable sur la plage avec Tite, barbotage avec Fleur-Marie. Quand je regarde les photos de cette période, je vois nos sourires. Le quotidien dans sa simplicité. Au creux de moi, je sens mon petit bébé bouger.

Je rentre de vacances car approche la date de la troisième échographie. L'échographie de morphologie, la plus longue, celle où bébé est regardé et mesuré dans tous les sens. On s'y rend toujours en espérant que tout ira bien, que l'on entendra comme la dernière fois : « Il va très bien, ce bébé ! » Et on repartira heureux, main dans la main…

Aujourd'hui, tout va bien !

La sage-femme échographiste fait son travail silencieusement. Nous regardons l'écran, le cœur battant, dans nos petits souliers quand même. Elle commence par examiner le cerveau.

« Vous, votre position sur la trisomie, c'est…

– Nous, on garde de toute façon, c'est pour cela que l'on n'a pas fait de dépistage. Mais s'il y avait des signes, ce serait intéressant pour nous de le savoir pour prendre nos dispositions, médicales ou autres, nous renseigner… dis-je en prenant les devants.

– Ah, d'accord, vous gardez… »

S'ensuit un long silence pendant lequel elle continue à prendre des mesures. Mon cœur bat la chamade. C'est bizarre qu'elle m'ait posé cette question…

« La nuque, 2,6 mm.

– Normalement, c'est combien ?

– Inférieur à 6… »

Comme pour les deux aînés, Fred filme l'écran et enregistre les mots de la sage-femme :

« La nuque est normale… Ce n'est pas la nuque qui m'embête… Là, il y a des kystes des plexus choroïde… »

Je pose des questions sur ces kystes, quelles sont les conséquences de leur présence.

« Ils n'ont pas forcément de conséquence, ce sont plutôt des signes d'alerte de quelque chose. Mais il faut que je continue l'examen. Je pourrai vous en dire un peu plus. »

Fred continue à filmer en silence.

« Du coup, là, heu... on va vous proposer l'amniocentèse, dit-elle.

– Non, on ne va pas la faire, c'est trop risqué.

– Ah... d'accord », répond-elle, un peu surprise.

On parle de choses et d'autres, elle m'interroge sur l'âge des autres enfants tout en voyant passer les petites mains, les oreilles... Elle essaye de me montrer quelque chose. Ce doit être la bouche.

« Il y a plusieurs choses qui ne vont pas.

– Ah oui ?

– Et il y a une fente aussi.

– Ah, une fente labiale[1] ? » J'ai la voix étranglée.

Après un petit silence j'ajoute dans un soupir : « Ça s'opère... »

J'essaye de me raisonner, mais là, ça commence à faire beaucoup ! L'émotion monte de plus en plus. Les larmes commencent à couler sur mes joues...

« Excusez-moi... dis-je, désolée de lui infliger ce spectacle.

---

1. La fente labiale, fente palatine ou fente labio-palatine (selon que la fente affecte ou non le palais) est aussi appelée communément bec-de-lièvre.

– Oui, enfin, c'est normal que vous soyez… » dit-elle avec compassion sans terminer sa phrase.

La sage-femme poursuit l'examen en silence pour bien se concentrer. Puis elle reprend la parole :

« C'est une petite fille… Mais il y a plusieurs choses qui ne vont pas : les kystes des plexus choroïde, la fente, le rein gauche qui est plus petit et au niveau du cœur, j'ai un doute. Je trouve qu'il y a une disproportion de taille entre les deux ventricules. Alors voilà ce que je vous propose, parce que moi, je ne suis que sage-femme : il faut que je vous adresse à un médecin. Je peux vous proposer un rendez-vous en urgence demain matin avec l'échographiste référent, pour une IMG lundi, si vous le souhaitez. »

Étonnés, nous nous regardons, Fred et moi. Ben non, on ne va pas faire d'IMG. Alors nous n'avons pas besoin de ce rendez-vous « en urgence ». Nous déclinons donc cette proposition. Un rendez-vous avec le médecin échographiste « référent » est pris pour le lundi d'après, le 27 juillet, dans dix jours.

Nous quittons le cabinet tout retournés. Nous nous tenons par la main pour retourner à la voiture. Au bout d'un moment, je dis à Fred, sans oser le regarder. « Bon ben voilà, c'est un petit bébé handicapé… » Nous avons compris que ce n'était sans doute pas une trisomie 21, puisque la nuque est normale, mais alors, qu'est-ce donc ?

Nous en saurons davantage dans dix jours… Puisque nous avons refusé le rendez-vous du lendemain matin…

Tout au long de cette semaine, je scrute Internet à l'affût d'informations concernant « l'ensemble polymalformatif » observé par la sage-femme. Ce que je lis me paraît plutôt rassurant. Je vois que les kystes vont très probablement disparaître dans les semaines qui viennent, que l'on peut vivre avec un rein plus petit que l'autre, qu'il est possible d'opérer une fente labiale. Je m'attarde davantage sur le « corps calleux court », scrute les échographies pour le comparer avec ceux de Tite et de Fleur-Marie… « Pourrait provoquer un retard mental », est-il écrit sur un site… Je ne prête pas trop d'attention à l'AOU[1] : du moment que le sang passe du placenta au bébé… Quant au cœur asymétrique, pour le moment, il bat ! Je suis plutôt rassurée. Il y a quelque chose, mais ce n'est peut-être pas trop grave.

Ce que nous ne savons pas, c'est que ces observations ne sont pas les causes du mal que porte notre bébé. Elles n'en sont que le signe, elles en sont les conséquences. Mais nous le comprendrons plus tard…

Dans notre prière et au fond de nos cœurs, nous confions ce petit bébé au Seigneur. Ce petit bébé surprise que l'on n'attendait pas si tôt, ce petit bébé cadeau ! Comment ne serait-il pas dans la main du Bon Dieu ? Et s'il est handicapé, le Seigneur qui nous aime nous donnera la grâce dont nous aurons besoin pour prendre soin de

1. Artère ombilicale unique.

lui. Car Dieu ne permet jamais que nous soyons éprouvés au-delà de nos forces. Dieu est toujours du côté de celui qui souffre. Il nous donnera les grâces dont nous aurons besoin, c'est certain ! Nous mettons notre confiance en lui. Nous savons qu'il ne nous abandonnera pas. « *Ne vous faites pas de souci pour demain : demain aura souci de lui-même ; à chaque jour suffit sa peine* », dit Jésus dans l'Évangile (Mt 6, 34).

Nous décidons de vivre le moment présent. Et aujourd'hui, tout va bien !

Cette semaine me semble quand même durer une éternité…

Numéro 18

Le 27 juillet est arrivé. Nous avons rendez-vous dans un cabinet du centre-ville de Grenoble avec le docteur A., médecin échographiste « référent ». Contrairement à celui de la sage-femme, le cabinet est dans la pénombre. Les stores sont baissés, le médecin, imposant, aux cheveux blancs, nous reçoit, attentif, derrière un majestueux bureau en bois éclairé par une lampe à abat-jour. On se croirait chez le notaire. Puis l'examen du bébé commence.

Le médecin confirme les observations de la sage-femme. Il ajoute sur son compte rendu : « crâne en trèfle, mains crispées et pieds en piolets ». En effet, il nous montre les petits doigts fermés, le pouce recouvrant l'index. « Ce signe évoque fortement une trisomie 18 », nous dit-il, avant de noter sur son ordinateur que nous ne souhaitons ni amniocentèse, ni interruption médicale de grossesse.

Nous sortons de son cabinet avec deux numéros : celui d'une généticienne à laquelle nous sommes recommandés et ce mystérieux numéro 18.

Pour le coup, je préfère ne pas regarder sur Internet… Je préfère attendre de savoir ce que nous dira la généticienne avec qui nous avons rendez-vous deux jours plus tard. Et puis, j'ai peur de ce que je pourrais trouver sur la Toile. En tout cas, je ne suis pas prête à en savoir davantage pour le moment… « *À chaque jour suffit sa peine.* »

Azélie

Une chose est sûre : notre petite fille est malade, mais elle est bien vivante. Je ressens le besoin de lui donner un prénom, son prénom ! J'en parle avec Frédéric. Félicité ? Non, ce prénom, c'était pour le petit bébé qui avait une trisomie 21. Là c'est différent, nous sommes tombés sur un autre numéro…

Un article attire alors mon attention, dans une série d'été[1], à propos des bienheureux Louis et Zélie Martin qui seront canonisés le 18 octobre prochain. Ce sont les parents d'une sainte très connue dans le monde entier : sainte Thérèse de l'Enfant-Jésus et de la Sainte-Face, appelée plus communément « la petite Thérèse ». J'apprends dans cet article que le véritable prénom de baptême de Zélie Martin était Azélie-Marie. Azélie, c'est joli, Azélie ! Et puis, donner ce prénom à notre fille serait la mettre sous le patronage et la protection de cette sainte maman ! Fred est d'accord.

1. *Famille chrétienne*, été 2015.

Tableau noir

Deux jours plus tard, nous voilà dans le bureau de la généticienne du CHU. Le tableau est plutôt noir.

Elle nous explique que les malformations de notre bébé évoquent très fortement une trisomie 18, mais que ce n'est pas sûr à 100 % tant que l'on n'a pas le caryotype. Nous n'apprenons pas grand-chose de plus au cours de cette rencontre à part que c'est une maladie chromosomique bien plus grave que la trisomie 21, que notre enfant risque de mourir rapidement ou sera gravement handicapé… Elle nous remet simplement un document que nous prendrons le temps de lire de retour à la maison.

Vers la fin de l'entretien, je lui dis le prénom de notre bébé. Je suis touchée de la voir émue. Elle nous laisse sa carte. Nous pouvons l'appeler si le besoin se fait sentir.

Le document qu'elle nous a remis est une page du *Portail des maladies rares et des médicaments orphelins*[1] dédiée à la trisomie 18. Nous y apprenons froidement que cette anomalie chromosomique est responsable de nombreuses malformations physiques qui peuvent être cardiaques, rénales, cérébrales, des membres (mains crispées et pieds

1. www.orpha.net

en piolet), fentes palatines… Qu'elle provoque un retard de croissance dès la vie utérine, parfois précocement. Qu'à la naissance, l'enfant peut présenter une hypotonie avec des difficultés d'alimentation. Que la plupart des enfants décèdent soit avant la naissance (95 %), soit dans la première année de vie, du fait de leurs malformations. Que, pour une raison inconnue, la survie des filles est meilleure. Que, dans de rares cas, certains sujets porteurs de trisomie 18 peuvent avoir une survie prolongée et devenir adultes avec un retard de développement psychomoteur très important. Mais que la plupart n'acquièrent ni la marche ni le langage, etc.

Je sais maintenant ce qu'a notre petite Azélie. C'est bien une trisomie 18. Ces petites mains fermées en sont le signe. Je le sais, j'en suis sûre. Même si on n'a pas fait d'amniocentèse, même si ce n'est pas sûr à 100 %, au fond de moi, j'en ai la certitude.

Elle a 95 % de chances de mourir dans mon ventre, mais comme c'est une fille, on ne sait jamais, elle pourrait naître quand même ! En tout cas, si elle naît, il y a peu de chances qu'elle dépasse un an. Mais nous n'en sommes pas sûrs non plus…

Nous voici devant l'inconnu. Nous pouvons mettre de côté tous nos schémas, tous nos projets. « Que sera donc cet enfant ? » Il sera… Il sera ce qu'il sera…

Je me sens bien incapable de me projeter dans ce sombre tableau. Je suis comme anesthésiée. J'ai du mal à réaliser…

La faire vivre

Maintenant que je sais ce qu'a notre petite fille, j'ai dans le cœur le grand désir de la faire vivre aux yeux de notre entourage. Ses jours sont comptés ! Sa petite vie, c'est aujourd'hui !

Autant je me sens bien incapable – et je m'y refuse – de me projeter dans l'avenir, dans ce qui nous attend peut-être de terrible et qui ne susciterait en moi que peurs et angoisses, autant je peux me jeter à bras-le-corps dans le présent.

Je ne peux pas rester les bras ballants à subir ce qui nous arrive. J'ai besoin d'agir. Je décide donc de créer, moi aussi, une page Facebook, pour partager les nouvelles plus facilement avec nos familles et nos amis. À plusieurs, on est plus forts !

Je choisis une jolie photo d'échographie d'Azélie, que j'accompagne de ces mots : « Azélie est la petite sœur de Tite et Fleur-Marie. Si Dieu le veut, elle verra le jour au mois de novembre malgré les nombreux symptômes qui laissent fortement présager une trisomie 18. »

La page « La petite vie d'Azélie » vient de naître !

Cauchemar

J'ai beau essayer de vivre le moment présent, la réalité est implacable. Il me faut la regarder en face : mon bébé est malade. Mon bébé ne vivra pas.

Mon cœur est déchiré…

Ce n'est pas vrai ! C'est un cauchemar ! Je vais me réveiller et tout sera redevenu comme avant ! Les larmes inondent mon oreiller. Je ne peux plus les arrêter. Quels sont ces gros sanglots que je ne peux contrôler ? Fred, à mes côtés, ne sait comment me consoler.

Si dans la journée je pense à l'avenir, je sens l'angoisse monter en moi. Cette boule dans le ventre… Ces questions s'invitent dans ma tête : Comment allons-nous faire ? Que va-t-il se passer ? Notre bébé va-t-il souffrir ? Serons-nous à la hauteur ?

Et puis ce déchirement intérieur à l'idée que mon bébé puisse mourir. La chair de ma chair ! Le tout-petit que je porte…

Mais je dois me ressaisir ! Mon bébé est malade, a-t-il, en plus, besoin de ma peur ?

Ce n'est pas ma première grossesse, je sais bien que mon bébé ressent mon angoisse. Ce n'est pas la première fois que je dois la gérer, l'évacuer, y renoncer. Je me suis entraînée avec les deux autres ! Oui, c'est vrai, c'était pour des broutilles comparé à ce qui nous affecte aujourd'hui : une tranche de saucisson ou de saumon fumé avalée sans faire attention. « Aïe, pourvu que mon bébé ne tombe pas malade ! » Je sentais la petite boule dans le ventre pointer le bout de son nez, et le *petit vélo* dans ma tête qui se mettait à tourner. « Tu as mangé un truc que tu ne devais pas manger, et si à cause de ça il arrivait quelque chose à ton bébé ? »

Ma solution anti-angoisse me venait alors de ma foi. Depuis que j'ai découvert, à l'âge de 23 ans, que Dieu m'aime personnellement, je sais que je peux lui faire confiance, qu'il me conduit dans ma vie, qu'il tient tout dans sa main. Alors, je tournais mon cœur vers lui et je lui confiais mon bébé. « Jésus, j'ai confiance en toi. Ce bébé est ta créature bien-aimée, il est entre tes mains. C'est toi qui nous l'as confié. Si j'ai fait une bêtise, je t'en remets les conséquences ! Cette angoisse qui monte, je te la donne, toutes ces peurs nourries par mon imagination galopante, je te les remets. » Et en échange, je recevais une grande paix intérieure...

Aujourd'hui, je m'efforce de faire de même. Cette fois-ci, il ne s'agit pas seulement de chasser le fruit d'une imagination débordante, mais d'une réalité. Je ne crains pas seulement que mon enfant ne *tombe* malade, puisque malade, mon enfant l'est déjà, réellement. Réellement et même gravement, très gravement ! J'aurais beau fuir à des kilomètres, cette réalité me poursuivrait. Je pourrais enfouir ma tête dans le sol, rien ne changerait. Je me trouve dans une situation d'impuissance totale, d'inconnu absolu... Je pourrais me raisonner, me dire que ce ne sera peut-être pas si grave, faire appel à tout l'optimisme dont je suis capable, mais aucun discours rationnel ne m'apporte le repos. Je me sens tellement pauvre et démunie...

Face à cette situation extrême, j'ai le choix entre sombrer dans l'angoisse, la révolte, la tristesse, le désespoir ou décider de m'accrocher à Dieu et de crier vers lui pour me remettre entièrement, avec une confiance totale, entre ses mains...

« Amazing Grace »

Le 2 août, mon frère Benjamin, bouleversé par la nouvelle, a la bonne et audacieuse idée de m'envoyer un lien vers le témoignage d'une maman ayant eu un bébé porteur de trisomie 18 : « Amazing Grace », qui a vécu soixante-deux jours. « Nous avons eu plus que ce que nous aurions pu rêver[1] », témoigne cette maman. Ce récit magnifique et bouleversant, plein de réalisme, de foi, d'amour et d'espérance est le premier des témoignages qui nous aideront à comprendre la maladie de notre fille, son évolution, et à appréhender la mort avec sérénité.

Ce témoignage me montre aussi que ce que nous vivons peut être source de joie.

Mais nous n'en sommes pas encore là et pour le moment, il nous faut digérer tout ce que nous venons de vivre en quelques jours. Nous nous sentons bien petits pour vivre ce qui se présente à nous. En serons-nous capables ? Il nous faut faire le pas de la confiance et de l'espérance. Il nous faut nous tourner vers Dieu ! Lui seul peut nous aider. Nous n'avons pas choisi ce qui nous arrive, nous en sommes tout chamboulés, tout bouleversés,

1. www.anencephaly.info/prenat/fr/grace.php

mais nous le croyons, le Seigneur est avec nous, il ne nous abandonnera pas.

Nous en avons déjà fait l'expérience dans notre vie alors que, célibataires trentenaires, nous cherchions l'âme sœur, ou lorsque notre famille ne s'agrandissait pas. Nous avons reçu les grâces dont nous avions besoin, les grâces de patience, d'espérance, de joie malgré notre tristesse, notre souffrance. Nous en sommes sortis grandis. Et pour finir, Dieu a répondu à nos prières !

Comme nous l'avons fait auparavant, nous décidons de nous en remettre à Dieu pour le présent et pour l'avenir. Dans cette nouvelle épreuve, nous faisons le choix de la confiance.

À chaque fois que ce sera nécessaire, à chaque fois que mon esprit volera vers le sombre avenir, que l'angoisse pointera, que le *petit vélo* se mettra en route, il me faudra renoncer à ces pensées mortifères et tourner résolument mon cœur vers Dieu, mon refuge.

Oui, « *un pauvre crie ; le Seigneur entend : il le sauve de toutes ses angoisses* » (Ps 33, 7).

Cette prière me met dans une paix incroyable. Une paix qui ne vient pas de moi.

Chemin de vie

Un matin, je reçois un mail qui nous encourage à contacter l'Institut Jérôme-Lejeune, spécialisé dans la trisomie 21 et autres maladies génétiques. Le message est accompagné d'une image du professeur Jérôme Lejeune[1]. « Dans ces situations où l'on se sent bien démuni, cela aide de prier. Je vous assure de ma prière pour votre famille et votre bébé à naître et je vous mets en lien la prière à Jérôme Lejeune qu'une maman dont le bébé avait plusieurs malformations avait adressée à tout son carnet d'adresses. »

C'est vrai, il manque un miracle pour que la cause de béatification du professeur Lejeune avance ; pourquoi ne serait-ce pas pour nous ? Nous décidons donc de demander la guérison d'Azélie par l'intercession de ce grand professeur qui a consacré toute sa vie à la recherche, dans le but de soigner et de défendre les personnes porteuses de trisomie 21, et qui écrivait : « Une phrase, une seule dictera notre conduite, le mot même de Jésus : "*Ce que vous avez fait au plus petit d'entre les miens, c'est à moi que vous l'avez fait*". »

1. Professeur Jérôme Lejeune (1926-1994), généticien. En 1958, il découvre avec son équipe la cause de ce qu'on appelait alors le « mongolisme » : un chromosome supplémentaire sur la paire 21. En 2021, il est déclaré vénérable par le pape François.

Chaque jour, nous récitons avec ferveur la prière adressée à notre Père du ciel par l'intercession du professeur.

Pour bien montrer au Seigneur que nous lui demandons la guérison miraculeuse de notre bébé par l'intercession du professeur Lejeune, je propose à Fred que nous posions un geste concret : nous irons prier sur sa tombe !

Elle se trouve à Chalo-Saint-Mars, en Essonne, au sud de Paris, à 5 h 20 de route de chez nous. Comment organiser ce voyage ? Comment faire cet aller et retour avec deux enfants en bas âge ?

En regardant l'itinéraire, je remarque que Paray-le-Monial est quasiment sur la route. C'est une petite ville de Bourgogne et un lieu de pèlerinages. Jésus y est apparu à une religieuse, sainte Marguerite-Marie Alacoque (1647-1690), lui dévoilant son cœur « passionné d'amour » pour les hommes. C'est de là que s'est répandue dans le monde entier la dévotion au Sacré Cœur de Jésus. Depuis une cinquantaine d'années, la Communauté de l'Emmanuel y organise des sessions d'été. Je me rappelle en avoir fait une formidable lorsque j'étais plus jeune. Pourquoi ne pas en profiter pour y retourner ? Notre apprentie est dégourdie, elle pourrait s'occuper du troupeau pendant notre absence… Fred, qui n'a pas pris de vacances depuis son dernier congé paternité, est d'accord !

Nous voici donc inscrits tous les quatre pour la session du 15 au 20 août. Nous trouverons bien un moment pour nous échapper et monter à Chalo-Saint-Mars demander au professeur Lejeune la guérison de notre bébé malade.

Si c'est la volonté de Dieu, il guérira Azélie ! Il le peut, même si nous ressentons que nous en sommes extrêmement indignes. Seigneur, *que ta volonté soit faite* ! Je ne peux m'empêcher d'y croire… Mais quoi qu'il arrive, nous avons confiance. Le Seigneur est là, il nous donnera sa grâce selon nos besoins. Et puis nous nous sentons tellement portés par la prière de nos amis. Nous sommes dans la paix.

J'ai appris qu'il existait à l'hôpital un service d'écoute. C'est l'unité transversale d'accompagnement périnatal (Utap), « composée de sages-femmes coordonnées par un médecin psychiatre, qui permet la prise en charge des femmes et des couples rencontrant des difficultés lors de la grossesse, de l'accouchement, ou confrontés à un deuil périnatal », précise le site internet du CHU.

Comme toute aide est bonne à prendre, j'ai pris rendez-vous avec une sage-femme de cette unité. Cassandra est très discrète, très douce, à l'écoute. Elle me reçoit dans un petit salon. Je peux parler librement. Je peux lui raconter l'histoire d'Azélie, lui partager mes interrogations, mes espérances, je peux même pleurer…

Elle me dit un jour avec beaucoup de douceur : « Ce n'est pas un chemin de mort que vous allez vivre, mais un chemin de vie. »

Le cœur d'Azélie

La veille de notre départ pour Paray-le-Monial, nous avons rendez-vous chez le cardiopédiatre. Nous allons en savoir plus sur le petit cœur d'Azélie. Son cabinet se trouve tout au fond du secteur « pédiatrie » de l'hôpital Couple-Enfant. Nous traversons des couloirs aux murs colorés, nous amusons des animaux de la jungle collés sur les portes. Dans les salles d'attente, quelques bambins empilent des cubes. Nous attendons notre tour dans un étroit couloir lumineux, livrant une agréable vue sur les rives de l'Isère. Machinalement, nous feuilletons quelques revues. Que va-t-il se passer derrière la porte de ce bureau ? Nous nous regardons. Nous sommes là, toujours aussi démunis et impuissants.

Nous avons choisi de renoncer, avec la grâce de Dieu, à l'angoisse, à la révolte, qui n'apporteraient que malheur à notre malheur. Nous avons choisi de nous abandonner, d'embrasser la réalité, de vivre le moment présent. Et ce moment présent n'est pas si désagréable que ça. Je sens mon bébé bouger, je suis bien installée sur cette chaise en compagnie de mon mari…

La porte s'ouvre sur un grand bureau baigné de soleil. Un homme très chaleureux nous accueille. Nous échangeons quelques mots à propos de notre enfant qui a les symptômes d'une trisomie 18. Il nous écoute avec beaucoup de bienveillance. Nous sommes très touchés lorsque nous l'entendons nous féliciter de *garder* notre bébé ! Nous nous sentons compris. Avec beaucoup d'attention et dans un grand silence, il examine le cœur de petite Azélie.

« Je ne dis rien pour le moment. Ne vous inquiétez pas, je vous dirai tout après. »

Le compte rendu qui suit nous remplit de joie : « Cet examen, sur le plan purement cardiologique, ne montre pas de malformation significative. Je ne retiens pas de déséquilibre particulier. Les parents désirent poursuivre la grossesse. D'après les éléments d'aujourd'hui, il n'y aura pas d'altération de la fonction hémodynamique en période néonatale sur le plan purement cardiologique. » En bref, tout va bien au niveau du cœur. Et le déséquilibre qui avait été observé par l'échographiste ne semble pas significatif. C'est déjà ça ! Alléluia !

Tiraillements intérieurs

Le 15 août, nous sommes dans la voiture, en route pour Paray-le-Monial. Je suis absorbée par mes pensées. Nous prions pour la guérison d'Azélie et nous la désirons de tout notre cœur. Mais, au fond, je sens à quel point cette guérison, si elle avait lieu, ne serait pas si simple à vivre pour moi. Pourquoi le Seigneur nous ferait-il une telle grâce, à nous ? Il y a tellement de personnes malades, tellement de personnes qui demandent une guérison… Pourquoi nous et pas les autres ? Est-ce que je ne risquerais pas de m'enorgueillir ? Comment assumer un tel miracle ?

Je pressens, profondément, que la guérison d'Azélie me ferait moins *grandir* que sa maladie. Je pressens que nous sommes en train de vivre quelque chose qui nous dépasse, quelque chose qui tient du mystère, qui nous demande de nous dépasser, de donner le meilleur de nous-mêmes. Une guérison, outre l'aspect extraordinaire du miracle, serait un retour à la normale, à une forme de banalité…

Ces pensées paradoxales me traversent l'esprit régulièrement et tournent dans ma tête. Je me sens tiraillée intérieurement.

Mais je sais que lorsqu'on a décidé quelque chose, il faut aller jusqu'au bout. De toute façon, c'est Dieu qui décidera ! Nous avons choisi de demander la guérison d'Azélie par l'intercession du professeur Lejeune, nous la demandons ! Nous sommes convenus de faire un acte de foi en allant prier sur la tombe du professeur, nous irons prier sur sa tombe !

Et quoi que Dieu fasse pour Azélie, il nous donnera les grâces dont nous aurons besoin !

Jésus a un Cœur

Nous voici arrivés à Paray. Nous cherchons une place de parking. Partout des voitures, des familles, des poussettes. Tous se dirigent vers le sanctuaire. Combien serons-nous à cette cession ? 4000, 5000 ? Nous marchons dans la longue allée arborée. Sur notre droite, la vaste tente du self. Un peu plus loin, le grand chapiteau blanc où nous nous rassemblerons tous pour la louange et les célébrations. Sur la gauche, les petites tentes-dortoirs pour ceux qui choisissent la formule économique. Plus loin, on aperçoit dans la prairie les grandes tentes de rassemblement pour les jeunes et les ados. Et toujours, autour de nous, cette foule de familles joyeuses qui vont et qui viennent.

Nous arrivons au bout de l'allée. Je cherche du regard la tente « accueil » où nous allons retirer notre dossier d'inscription, nos tickets repas et recevoir l'adresse de notre logement.

Juste en face de moi, je reconnais un visage. C'est Béatrice, que j'ai connue en 1995 à Paris.

Cette rencontre imprévue me ramène vingt-deux ans en arrière…

À cette époque, j'avais 23 ans, je traversais une période difficile de ma vie et depuis quelque temps, je cherchais, je frappais, je criais vers le Ciel. Je me rappelais que ma mère m'avait dit un jour : « Tu sais, il y a tellement peu de gens qui prient que si tu demandes à Dieu de t'aider, il va sûrement t'écouter. »

Je m'étais inscrite, sans trop savoir pourquoi, à une retraite de carême dont le thème était *Le Cœur de Jésus*, prêchée chaque semaine par le père Édouard Glotin. Le Cœur de Jésus ! À cette époque, j'étais bien loin de croire que Jésus avait un cœur. Même si j'étais croyante, je pensais que Dieu était quand même assez lointain, sur ses nuages. Je n'avais d'ailleurs pas compris grand-chose à la première conférence. Sainte Marguerite-Marie Alacoque, saint Jean qui avait penché son cœur sur celui de Jésus, je n'avais rien retenu de plus. Mais l'accueil était très chaleureux dans cette crypte pleine de jeunes et j'en étais touchée. Je décidais donc de continuer.

Un soir précédant la seconde soirée de retraite, alors que je lisais un livre offert par ma mère, il s'était passé quelque chose d'incroyable. Au fil des pages, je découvrais des témoignages bouleversants. Des jeunes drogués, blessés, maltraités, paumés, au bord du suicide, dont la vie changeait radicalement : ils avaient crié vers Dieu dans leur détresse, et Dieu avait entendu ! Ils avaient ouvert leur cœur et Jésus était venu les visiter ! Leur vie en avait été transfigurée. Ils étaient libérés, restaurés, vivifiés, transformés. Ils avaient retrouvé la joie et le goût de la vie. J'étais émerveillée. Au fil de ma lecture, petit à petit, une brèche s'ouvrait dans mon cœur endurci. Et soudain, j'ai senti une grande chaleur irradier tout mon cœur et perçu une voix intérieure qui me disait : « Tout l'amour que tu cherches, c'est moi qui te le donne. » J'étais profondément bouleversée. Je ressentais physiquement une présence aimante à mes côtés. Oui, Jésus était là, vivant. Il venait me sauver, moi aussi, au plus profond de mon être.

Ma vie de jeune adulte qui se cherche a été profondément bouleversée par cet événement. À partir de ce moment-là, tout s'est éclairé en moi. J'ai compris que oui, Jésus avait réellement un cœur, qu'il était vraiment vivant à mes côtés et qu'il m'aimait inconditionnellement, telle que j'étais, et qu'il aime chaque personne de la même façon. J'ai compris qu'il avait toujours infiniment respecté ma liberté. J'ai compris qu'il voulait mon bonheur, que je n'avais plus à craindre pour ma vie, que je pouvais la remettre entre ses mains et que lui, il allait me guider, car il savait ce qui était bon pour moi. Un avenir immense s'ouvrait devant moi ! Ma vie prenait une dimension infinie bien plus large que mes petits projets étriqués qui ne me comblaient pas.

Le Seigneur m'avait ensuite donné de rencontrer un formidable groupe de prière de « jeunes pros » et étudiants. J'étais très étonnée de voir des jeunes de mon âge chanter, louer, et s'adresser à Dieu comme à un ami ! Je me suis aperçue qu'ils avaient, eux aussi, fait cette *rencontre personnelle* avec l'amour de Jésus. C'était une joie immense de prier ensemble chaque jeudi soir dans ce petit oratoire feutré de l'église Saint-Léon. Avec eux j'ai cheminé pendant trois ans. Ma foi renouvelée s'est affermie, enracinée.

J'ai goûté le bonheur de recevoir le pardon de Dieu dans la confession et découvert l'incroyable présence réelle de Jésus, qui se donne totalement à nous pendant la messe. J'ai commencé à comprendre que Dieu agissait dans ma vie à travers les événements, les imprévus, les rencontres. Avec eux, j'ai participé à d'extraordinaires rassemblements de jeunes. Nous avons vécu des moments tellement beaux et forts tous ensemble que l'amitié perdure encore avec certains, plus de vingt-cinq ans après.

Béatrice, je l'ai un petit peu moins connue car elle est arrivée dans ce groupe au moment où je quittais Paris. Nous nous sommes croisées quelques fois, puis j'ai continué mon chemin et nous nous sommes perdues de vue. Quelques années plus tard, j'ai reçu un mail bouleversant, transféré par une amie du groupe. C'était Béatrice et son mari Olivier qui annonçaient qu'ils venaient d'être parents d'une petite Graziella qui avait vécu dix minutes, entourée de tendresse et d'amour. Ce message m'avait beaucoup touchée et était resté gravé dans ma mémoire.

Et là, en arrivant à Paray-le-Monial, la cité du Cœur de Jésus, la première personne que je rencontre, c'est Béatrice ! Je lâche Fred et les enfants et m'approche de Béatrice qui me reconnaît. Je lui explique la raison de notre présence ici et lui dis me souvenir du message reçu au moment de la naissance et de la mort de son bébé, sept ans plus tôt. Elle m'apprend alors que Graziella avait également une trisomie 18. Je suis bouleversée par cette rencontre, tellement inattendue qu'elle ne peut qu'être providentielle.

Vraiment, je sens que le Seigneur nous attend ici, que dans son amour pour nous, c'est vraiment lui qui nous a invités à cette session organisée par la Communauté de l'Emmanuel. Ce petit « clin Dieu » en est le signe. Et puis, nous nous posons tellement de questions sur cette maladie… En parler avec Béatrice et son mari au cours de la session nous permettra de mieux connaître notre bébé.

La session commence. Les enfants sont pris en charge dans des groupes de leur âge. Nous pouvons vivre pleinement ce qui nous est proposé. Les chants joyeux, les homélies inspirées, les enseignements et les témoignages bouleversants, la prière personnelle dans le parc ou devant le Saint Sacrement exposé dans la prairie, le pèlerinage à la Chapelle des apparitions… Nous récupérons les enfants pour les repas que nous prenons au self. Les temps libres sont l'occasion de rencontrer de nouvelles personnes ou de retrouver des amis que l'on n'avait pas vus depuis longtemps, autour d'un verre ou d'une bonne glace. Il y a toujours des surprises à Paray !

La grâce de Paray

Le 17 août, journée fontaine, journée de grâces. Nous sommes sous le chapiteau au milieu d'une grande foule. L'Évangile du jeune homme riche (Mt 19, 16-26) vient juste d'être lu. C'est l'histoire d'un jeune homme qui vient trouver Jésus et qui lui demande ce qu'il doit faire pour avoir la vie éternelle. Jésus le regarde avec amour et l'invite à vendre tout ce qu'il possède, à le donner aux pauvres et à le suivre. Il aurait alors un trésor dans les Cieux. Mais le jeune homme s'en va plein de tristesse, incapable de le faire, car il a de trop grands biens.

Cet évangile, je le connais par cœur. Je l'écoute d'une oreille distraite…

Dans son homélie, Mgr Rey nous parle du don de soi-même qui donne la joie. Il nous invite à nous donner nous-mêmes.

Au fond de moi, je me dis : « En tant que maman je donne de mon temps, je me donne en donnant la vie, en m'occupant de mes enfants jour et nuit, de la paroisse… C'est déjà pas mal… »

Tout à coup, je sens dans mon cœur comme un appel. Un appel incroyable à donner… mon bébé. Donner mon bébé ? Me donner moi-même, passe encore, mais donner mon bébé ? J'essaye de chasser cette idée, mais elle revient plus fortement jusqu'à devenir une évidence. Le Seigneur m'appelle à lui donner mon bébé !

Un flot de larmes se met à couler. Un flot incontrôlable et ininterrompu. À mes côtés, Fred se demande bien ce qu'il m'arrive...

Seigneur, dans ton amour, tu me demandes de t'offrir mon bébé, de te l'abandonner, de m'en déposséder. Tu ne me demandes pas seulement de remettre mon bébé entre tes mains. Tu me demandes de tout lâcher, de me dépouiller, de te faire une confiance absolue. Je ressens à la fois la douleur du sacrifice et en même temps la douceur de la grâce donnée pour le faire. Une immense tendresse.

Je suis devenue une vraie fontaine. Ces larmes dureront presque toute la journée. Ce ne sont pas des larmes de désespoir ou de colère. Je me sens tellement enveloppée d'amour. Je suis juste devant quelque chose qui me dépasse, qui me submerge : Dieu lui-même me demande de lui offrir mon bébé malade... Il attend ma réponse.

Comme le jeune homme riche, j'en suis totalement incapable. Mais je ne veux pas repartir comme lui, pleine de tristesse. Car moi, je la veux, cette vie éternelle ! Je le veux maintenant, ce trésor dans le Ciel ! Et il y a ce regard aimant de Jésus posé sur moi...

Je veux bien Seigneur, mais comment faire ?

« *Pour les hommes, c'est impossible, mais pour Dieu tout est possible* » (Mt 19, 26).

Il attend juste mon Oui, comme le Oui de Marie à l'Annonciation : « *Comment cela se fera-t-il ?* » avait-elle demandé à l'ange. «*L'Esprit Saint viendra sur toi et la puissance du Très-Haut te prendra sous son ombre*» (Lc 1, 26-38).

Oui, voilà, c'est Dieu lui-même qui le fait en moi. L'Esprit Saint agit lui-même dans mon cœur avec une grande douceur. C'est à la fois un arrachement et un soulagement. Le lâcher-prise que je tente de vivre depuis quelques semaines s'opère dans mon cœur sans même que je m'en rende compte.

J'ai besoin de parler de ce qui m'arrive. Un prêtre est là pour m'écouter. Petit à petit, la paix m'envahit.

Oui, le Seigneur m'attendait à Paray. Quelque chose de fondamental s'est passé ce jour-là. Quelque chose qui portera du fruit…

Chalo

Le 18 août en fin de matinée, mes parents arrivent à Paray-le-Monial. Nous avons fait appel à eux pour garder les enfants pendant notre aller-retour express à Chalo-Saint-Mars. Jeunes retraités souvent en vadrouille sur les routes de France, ils ont répondu « présents », bouleversant leurs projets, déviant leur itinéraire pour nous venir en aide. Sachant nos enfants en de bonnes mains, nous prenons la route. Au bout de quatre heures, nous arrivons au cimetière de ce petit village de l'Essonne. Après avoir un petit peu cherché, nous découvrons la tombe toute simple sur laquelle saint Jean-Paul II est venu se recueillir quelques années auparavant. Elle ressemble à un carré de jardin. Un petit pin, quelques arbustes buissonnants, au sol, de la bruyère. Sur le côté droit du jardin, la pierre en marbre rose, penchée et surplombée par une grande croix. Dans la terre, au pied de la pierre, une fleur rose en plastique, une image, une photo jaunie, des petits cailloux blancs déposés par des gens venus avant nous se confier au professeur.

Nous nous sentons un petit peu bêtes et démunis devant cette sépulture. Nous ne savons que faire… Je ne sais que dire… Je n'arrive pas à prier. « Fais le geste, Dieu fait le reste », m'avait-on conseillé un jour. Je m'agenouille donc, pose mon ventre contre la pierre. Nous écrivons « Azélie » sur un petit caillou, récitons un *Notre Père*, puis nous éloignons pour regagner la sortie du cimetière. Comme c'est beau de voir ces vieilles croix en fer forgé à contre-jour devant le soleil couchant. Nous nous attardons encore un peu pour contempler le paysage, puis regagnons notre voiture pour reprendre la route en sens inverse, à peine trente minutes après notre arrivée.

Comme il est difficile, le trajet du retour ! Quatre heures interminables dans la nuit à nous relayer au volant avec la radio à fond pour ne pas nous endormir !

Prière pour les malades

Le lendemain a lieu à Paray-le-Monial une journée de prière pour les malades. Ils sont des centaines à venir pour l'occasion, certains en autocar. Maladie visible ou invisible, chaque souffrance est unique.

Comme un grand nombre de personnes, je reçois le sacrement des malades. Ce sacrement s'appelait autrefois l'extrême-onction. On le donnait aux mourants pour leur permettre de se réconcilier avec Dieu et vivre le grand passage dans la paix. Aujourd'hui, il est proposé à tous les baptisés confrontés aux difficultés d'une maladie grave ou de la vieillesse. À travers une onction d'huile, Dieu donne à ceux qui la reçoivent la force nécessaire pour supporter leurs épreuves de santé.

Je ne suis pas malade, c'est mon bébé qui est malade. Mais on me propose de recevoir ce sacrement pour lui. Nous aurons la force ensemble !

Le lendemain, mes parents, qui en profitent pour continuer la session avec nous, nous racontent qu'en chemin vers Paray-le-Monial, ils ont fait une halte dans un coin perdu dans le sud de la France, chez les Petites Sœurs de l'Agneau[1].

1. Jeune communauté dans l'ordre dominicain. www.communautedelagneau.org

À la fin de la messe, ils ont été invités à venir se recueillir auprès des reliques des bienheureux Louis et Zélie Martin qui étaient, elles aussi, de passage dans ce lieu !

Merci Seigneur pour ce nouveau petit « clin Dieu » par lequel tu nous montres encore une fois que tu es bien là avec nous dans cette épreuve, que tu t'occupes de nous avec les saints que tu as choisis pour nous !

Guérie ou pas ?

Azélie est-elle guérie ? Avons-nous été exaucés ?

En route pour l'échographie suivante, le 28 août, à 28 SA, je fais part à Fred de mon espoir de guérison et en même temps de mes doutes, de ma crainte d'être déçue. Pragmatique, il me répond : « Dis-toi que rien n'a changé, comme ça, tu ne seras pas déçue ! » Il a raison.

En effet, l'échographie montre clairement qu'Azélie n'est pas guérie… Elle a toujours ses petites mains crispées, signe caractéristique de la trisomie 18. Elle a toujours sa fente. En revanche, elle ne présente pas de malformation létale alors qu'avec cette fichue trisomie, elle pourrait ne pas avoir de poumon ou d'œsophage, ou avoir une grave cardiopathie, ou toute autre gravissime malformation, comme cela avait été le cas pour la petite Graziella. Non, ses organes vitaux paraissent quasi normaux. Se pourrait-il qu'elle ne meure pas dans mon ventre ? Se pourrait-il qu'elle vive après sa naissance ?

L'échographiste, très gentiment, prend une photo en 3D de la frimousse d'Azélie. On distingue ses yeux fermés, son nez légèrement aplati et sa bouche. Sa petite fente est bien visible aussi. Cette photo nous prépare à rencontrer notre bébé.

Azélie n'est pas guérie. Je me sens à la fois déçue et soulagée. Le chemin continue comme il a commencé. Nous ne maîtrisons rien dans cette histoire ! Nous n'avons aucun moyen d'agir. Nous allons donc nous laisser guider. Nous allons nous mettre au rythme d'Azélie. C'est elle qui va nous conduire ! Je me demande bien où elle va nous emmener…

Finalement, le miracle, fruit de toutes ces prières et de ce pèlerinage express, est peut-être tout simplement qu'Azélie n'a pas de malformation létale…

Ce n'est pas un drame !

« Ce n'est pas un drame », m'écrit, dans une gentille lettre, la maman d'une jeune fille porteuse de trisomie 21. Comment ça, ce n'est pas un drame ? Quel toupet (comme disait ma chère grand-mère) de me dire cela ! Elle n'a pas compris, certainement : sa fille à elle est bien vivante, avec sa trisomie 21, mais la mienne va mourir ! N'est-ce pas un drame ? « Ce n'est pas un drame », c'est ce qu'on dit à un enfant qui fait un caprice, non ?

Et d'abord, qu'est-ce qu'un drame ? Une maman qui meurt, laissant des petits orphelins ; des millions de morts dans des camps de concentration ; la destruction massive de tout petits êtres humains sans défense dans le sein de leur mère ; des jeunes filles enlevées, violées et vendues comme esclaves ; une bombe qui explose ou une catastrophe naturelle qui détruit tout, faisant de nombreuses victimes ; des hommes et des femmes arrachés à leur terre natale contre leur gré ou alléchés par des mensonges ; un fils dans la force de l'âge qui décroche en montagne ; un mari qui trompe sa femme et finit pas l'abandonner (ou réciproquement), laissant une famille déchirée ; des enfants salis et détruits par des images ou des actes qui n'étaient pas pour leur âge ; une vie brisée par la calomnie ou l'injustice ; une vie rongée par la culpabilité ; la méchanceté et la fermeture du cœur ; une âme qui dit « non » à Dieu et se sépare de lui pour toujours…

Oui, un drame, c'est quelque chose qui brise, qui casse, qui détruit, qui laisse des séquelles irrémédiables, des blessures béantes qui ne guériront jamais vraiment. Le drame laisse des ruines qu'il faut rebâtir pierre par pierre, mais ce ne sera plus jamais comme avant.

C'est vrai, cette maman a raison ! Ce que nous vivons n'est pas un drame ! C'est juste la vie et la vie est fragile. La maladie de notre bébé ne va rien détruire, ne va rien briser. Au contraire, elle me rapproche de mon mari, elle nous invite à la prière, elle nous appelle à aimer, à protéger, à choyer. Cette maladie nous rapproche du Ciel.

C'est vrai, mon bébé va sans doute mourir… ça, c'est un drame ! Oui, c'est un drame parce que je ne peux pas me projeter. Parce que je ne pourrai peut-être pas le serrer dans mes bras. Je ne verrai sans doute pas mon bébé grandir. Parce que je vais peut-être souffrir…

Mais ce n'est pas un drame parce que la mort n'est pas la fin de tout. Parce qu'elle ouvre sur une vie nouvelle, la vie éternelle, le bonheur éternel pour ceux qui disent « oui » à Dieu. Parce que le Christ est ressuscité, qu'il a vaincu le mal, qu'il a vaincu la mort. Ça, je le sais, j'en suis convaincue…

Mais tout de même… La maladie mortelle de mon bébé, c'est quand même mon petit drame à moi…

Que sa petite vie porte beaucoup de fruits !

Depuis quelques jours, cette phrase habite mon esprit : « *Tout concourt au bien de ceux qui aiment Dieu*[1]. »
Si cette parole de la Bible dit vrai, même ce que nous vivons aujourd'hui pourrait concourir à notre bien ? Ce que nous vivons pourrait faire partie du *plan d'amour* de Dieu pour nous ?

Un autre récit que j'aime beaucoup, car il est plein d'humour, me revient à la mémoire : celui de l'aveugle de naissance que l'on présente à Jésus. Ses disciples l'interrogent : « *Rabbi, qui a péché, lui ou ses parents, pour qu'il soit né aveugle ?* » Jésus répond : « *Ni lui, ni ses parents n'ont péché. Mais c'était pour que les œuvres de Dieu se manifestent en lui* » (Jn 9, 1-3).

Il y a encore ce passage que nous avions choisi pour la célébration de notre mariage : « *Ce n'est pas vous qui m'avez choisi, mais c'est moi qui vous ai choisis pour que vous alliez, que vous portiez du fruit et que votre fruit demeure* » (Jn 15, 16).

---

1. Texte exact : « *Nous le savons, quand les hommes aiment Dieu, lui-même fait tout contribuer à leur bien, puisqu'ils sont appelés selon le dessein de son amour* » (Rm 8, 28).

Je fais le choix d'y croire ! Non, ce que nous vivons ne sera pas stérile ! Cette petite vie qui grandit au creux de moi, nous ne l'avons pas choisie, sa maladie non plus. Si les choses sont ainsi, il y a peut-être une raison ? Cette maladie aurait peut-être un sens qui nous dépasse ? Nous aurions été « *choisis* », comme nous le dit Jésus dans l'évangile de saint Jean, « *pour que nos vies portent du fruit, et que notre fruit demeure* » ?

Pour le moment, c'est incompréhensible, je me sens dans un brouillard épais, je ne sais pas où je vais, tous mes plans sont chamboulés ! Mais Dieu, qui connaît personnellement chaque être humain, sait. Il sait ce qui nous arrive, il sait ce qui nous affecte. Il nous aime. Il aime aussi notre bébé malade. Et comme nous avons dit « oui », il va nous guider, nous montrer le chemin à prendre.

Nous nous sentons tellement portés par la prière de très nombreuses personnes. Dans cette épreuve, nous sommes étrangement habités par une grande paix. Oui, nous vivons ce que nous avons à vivre. Oui, nous sommes à notre place. Nous n'avons pas choisi ce qui arrive à notre bébé mais nous avons choisi de l'accepter. Et pas seulement de l'accepter, mais de l'embrasser. Nous disons « oui » à cette aventure qui nous est proposée. Puisque Jésus n'a pas guéri Azélie, alors qu'il aurait pu le faire – nous en sommes convaincus –, c'est bien qu'il a un autre plan d'amour pour elle, un autre projet d'amour pour nous.

Je continue donc à confier mon bébé au professeur Jérôme Lejeune et à sa sainte patronne Azélie-Marie

Martin. Mais ma prière a changé. J'ai cessé de demander sa guérison.

Voilà mon souhait à présent, voilà ma prière pour elle : « Que sa petite vie porte beaucoup de fruits ! »

Cette prière me donne beaucoup de paix, de courage et d'espérance pour l'avenir. L'épreuve que je vis a un sens, un sens caché que je comprendrai au Ciel…

Moi, j'en veux pas de ce bébé !

« Moi j'en veux pas de ce bébé ! dit-il du haut de ses 3 ans. Une petite sœur, ça suffit ! »

Je m'agenouille devant mon fils et pose sur le sol le courrier que nous sommes allés chercher à la boîte aux lettres, au bout du chemin.

« Tu sais, mon chéri, il faut que je te dise quelque chose de très important. Ce bébé qui est dans le ventre de maman, il a une très grave maladie. Ce n'est pas ta faute, mais tu vois, ce n'est pas sûr qu'il puisse vivre longtemps. Peut-être même qu'il va mourir très vite. On ne sait pas… »

Après m'avoir écoutée attentivement, le voilà parti en courant ! Comment savoir ce qui se passe dans la tête et dans le cœur d'un petit bonhomme de 3 ans ?

Bouche-à-oreille

Azélie est toujours malade, porteuse de cette maladie qui va un jour l'emporter. Grâce à Dieu, voilà déjà six mois qu'elle vit sa petite vie au-dedans de moi. Sa courbe de croissance est bien en dessous de la norme, mais elle est là… Nous commençons à nous demander comment vont se passer sa naissance et la suite…

Par le bouche-à-oreille, je suis en relation avec d'autres mamans qui ont eu un bébé avec une trisomie 18. Elles ont toutes accepté de me parler au téléphone, de raconter leur histoire, de répondre à mes questions. Leur bébé est né, parfois vivant, parfois non. Leur bébé a vécu, parfois quelques jours, voire quelques semaines, parfois quelques minutes seulement. Ces mamans ont vécu cette épreuve avec foi, amour et courage.

Leurs témoignages me donnent de la force et me rassurent. Nous ne sommes pas seuls. D'autres sont passés par là, d'autres ont surmonté cette épreuve. Je suis frappée par la sérénité de ces mamans, par la paix qui les habite. Plusieurs d'entre elles parlent de la grâce qu'a été le passage de leur petit bébé dans leur vie. De la grâce d'avoir maintenant un bébé au Ciel, qui prie pour leur famille.

Elles me donnent également de nombreuses informations concrètes et très utiles…

Malgré d'indéniables petites caractéristiques physiques, leur bébé était très mignon ; pas du tout le « monstre » annoncé par les descriptions médicales.

La trisomie 18 entraîne une perte progressive des réflexes : spécialement celui de la respiration. Le cerveau « oublie » d'ordonner la respiration. Le bébé peut faire des apnées, devenir tout bleu, mais il n'en souffre pas (pas d'angoisse), puisque son cerveau ne l'alerte pas. Au bout d'un moment la respiration revient. C'est impressionnant, mais on peut s'y habituer.

Certaines mamans m'expliquent comment leurs conjoints et elles ont vécu la courte vie de leur bébé avec leurs autres enfants, comment ils leur en ont parlé, comment les enfants ont vécu ces événements particuliers. J'apprends que même si notre bébé mourait à l'hôpital, nous pourrions le faire ramener à la maison pour passer du temps avec lui, avant son enterrement.

Certaines témoignent que cette grande et douloureuse épreuve leur a apporté aussi de la joie, ainsi que beaucoup de grâces pour leurs enfants et leurs familles. Toutes ces mamans, je les sens sereines et heureuses. Aucune n'exprime de regret. Leur famille s'en est trouvée renforcée.

Merci à chacune d'entre vous pour votre disponibilité et pour la simplicité avec laquelle vous nous avez partagé cet épisode de la vie de votre famille.

C'est la rentrée

Septembre est arrivé. Tite fait sa première rentrée en maternelle. Fleur-Marie va à la garderie deux jours et demi par semaine. Voyant mon ventre qui s'est arrondi pendant l'été, quelques mamans de l'école me demandent pour quand est la naissance. Devant leur étonnement face à la petite taille de mon ventre par rapport au terme prévu, je leur explique que je porte un petit bébé malade et que l'on ne sait pas combien de temps il vivra. Ça ne me dérange pas d'en parler. Ça me fait du bien, au contraire. Azélie est là, elle existe, elle vit !

Le médecin m'a arrêtée. Je suis en congé pathologique. À la ferme, je suis remplacée efficacement par Pauline pour un certain nombre de tâches. J'ai donc plus de temps pour moi. Le vendredi, je retrouve mon groupe de « prière des mères ». Nous prions ensemble pour nos enfants et nos conjoints. Nous nous soutenons les unes les autres dans nos difficultés de famille. C'est un précieux lieu d'amitié !

Plus ma grossesse avance, plus je me dis que notre petit bébé vivra peut-être un petit peu. Mais je n'ai encore rien préparé pour l'arrivée d'Azélie. Nous sommes toujours devant l'inconnu, tout est possible... Mais cet inconnu ne nous effraye plus. Nous avançons pas à pas. Nous sommes portés par la prière d'un grand nombre de personnes :

famille, amis et inconnus qui sont de plus en plus nombreux à suivre les nouvelles que je partage régulièrement sur la page Facebook d'Azélie.

Quoi qu'il arrive pour Azélie, qu'elle vive longtemps ou non après sa naissance, il faut songer aux choses matérielles. Dans le cimetière de notre village, un vieux caveau familial s'affaisse. Fred commence à s'occuper de le faire refaire à neuf. C'est l'occasion. Il faut demander des devis, choisir la pierre… Quand le moment sera venu, le petit corps d'Azélie sera bien, là, avec ses aïeux Célina et Joseph, Germaine, Euphroisine, Clarisse…

L'épreuve

Le mardi 15 septembre, j'ai rendez-vous pour la première fois avec l'obstétricienne du CHU qui suivra la fin de ma grossesse. J'ai demandé conseil autour de moi, pour choisir un médecin à l'écoute et avec qui je puisse dialoguer car celui qui avait suivi mes deux premières grossesses, quoique très compétent, était plutôt discret.

Malheureusement, j'aurais sans doute mieux fait de ne pas changer car ce premier rendez-vous sera plutôt éprouvant ! Souvent chargée des grossesses compliquées, cette obstétricienne prend le temps avec chaque patiente. Elle me reçoit donc, un peu stressée, avec une heure de retard. J'ai eu le temps d'éplucher toutes les revues féminines de la salle d'attente et de lire toutes les affiches du couloir !

Je suis seule, Fred n'a pas pu m'accompagner. Ou plutôt, je n'ai pas pensé à lui demander de m'accompagner. Je ne pensais pas que ça se passerait ainsi !

Pendant la consultation, je constate rapidement que nous ne sommes pas sur la même longueur d'onde. Elle me titille, me pose des questions auxquelles je ne sais pas répondre, évoque des aspects techniques que je ne comprends pas sans me les expliquer, me provoque aussi parfois. J'ai le sentiment qu'elle cherche à m'inquiéter, à me déstabiliser, à me faire pencher en faveur d'une IMG.

« Vous savez, ceux qui font une IMG aussi donnent un prénom à leur enfant ! »

« Souvent les parents pensent que ça va être simple, que leur bébé va mourir très vite. Mais ce n'est pas sûr. Si vous vous retrouvez avec un bébé très lourdement handicapé, que ferez-vous ? Parce qu'avec le retard de giration... »

Cette phrase me choque particulièrement et me laisse pensive. Et si son mari avait un accident demain et se retrouvait lourdement handicapé, que ferait-elle ? Ne serions-nous pas dans la même situation ? Souhaiterait-elle mettre fin à la vie de son mari simplement parce qu'il est handicapé ou que sa vie va être raccourcie ?

Elle continue :

« Et puis, vous savez que la trisomie augmente les risques de prééclampsie chez la maman. »

« Et s'il y a un problème pendant la grossesse et l'accouchement, on privilégie qui ? Vous, ou le bébé ? Est-ce qu'on fait une césarienne si son cœur ralentit ? Vous savez que la césarienne comprend des risques... donc si on ne fait pas de césarienne, on ne fait pas de monitoring ? » Etc.

Toutes ces questions sont légitimes et importantes, mais je suis bien incapable d'y répondre, ne connaissant ni les tenants ni les aboutissants, et je n'ose pas lui demander d'explications.

« Je ne peux pas vous répondre comme ça spontanément. Je vais en parler à mon mari, nous allons y réfléchir... »

La consultation touche à sa fin. Visiblement, cette femme ne comprend pas du tout notre démarche.

Comment faire pour lui expliquer ? Finalement, face à son insistance cette phrase sort de ma bouche :

« Ce que nous voulons pour notre fille, c'est *la laisser être ce qu'elle est et vivre ce qu'elle a à vivre.* Sans intervention inutile, ni acharnement. »

Elle semble comprendre alors que notre décision est prise et qu'elle ne nous fera pas changer d'avis. Elle va contacter les pédiatres pour que nous puissions les rencontrer en anténatal et me fixe un nouveau rendez-vous pour le 14 octobre.

Je rentre à la maison avec toutes ces questions…

Comment faire ? Vers qui me tourner ? Je me sens tellement désemparée…

J'ai finalement l'idée de contacter mon cousin gynécologue obstétricien qui exerce dans un hôpital à l'autre bout de la France. Malgré les gardes et sa vie de famille, il prend le temps, dans la soirée, de répondre point par point à toutes mes questions et de m'éclairer sur les mystérieuses paroles entendues !

Nous allons pouvoir commencer à rédiger notre « projet de naissance ». Ce document à destination du personnel soignant nous permettra de mettre noir sur blanc nos souhaits pour la naissance d'Azélie.

Projet de naissance

Le 28 septembre nous rencontrons le docteur Z., chef de service de néonatologie, qui prendra en charge Azélie. Nous avons l'impression que cet homme est habitué à accueillir des bébés comme elle : « De plus en plus de parents choisissent d'accompagner leur enfant », nous dit-il. Il nous raconte en avoir baptisé quelques-uns lui-même. Nous nous sentons en confiance.

Dans un compte rendu destiné à l'obstétricienne, il écrit : « Les parents n'ont pas souhaité d'amniocentèse. Ils ont beaucoup réfléchi et ne souhaitent pas l'interruption médicale de grossesse et demandent, très clairement, un accompagnement lors de la naissance de cet enfant, prévue le 27 novembre 2015. Ils ne souhaitent évidemment pas d'acharnement déraisonnable. Je leur ai expliqué quelles étaient nos attitudes en termes d'accompagnement postnatal chez les enfants porteurs de syndrome polymalformatif. Ils ont bien compris toutes les incertitudes sur l'évolution, dans la mesure où, actuellement, à ce jour, nous avons des incertitudes car, comme tu le sais, ces enfants peuvent vivre parfois plusieurs semaines, voire plus dans certains cas exceptionnels. De toute façon, il y aura un temps médical de diagnostic lors de la naissance. Si l'enfant présentait des signes de vie, je pense qu'il faudrait qu'il soit hospitalisé en Néonatologie pour un bilan plus précis et une évaluation pronostic. On a parlé aussi de l'attitude à avoir pendant le travail et les parents ont clairement exprimé le fait qu'ils ne souhaitent pas d'enregistrement du rythme cardiaque fœtal et donc pas d'extraction par voie haute (césarienne). Tout ceci paraît très cohérent. Ils expriment aussi le souhait de faire baptiser leur enfant dès que possible, voire même en salle de naissance si nécessaire. »

Comme pour Tite et Fleur-Marie, je fais des séances de préparation à l'accouchement. J'ai une super sage-femme pas loin de chez moi.

Pour Tite, je n'étais pas encore bien au point ! Je n'avais pas bien intégré les respirations. De plus, comme je l'ai expliqué plus haut, mon bébé avait été vieilli de plusieurs jours. Les médecins avaient donc décidé de déclencher sa naissance, mais en réalité ce n'était pas encore le moment pour mon bébé. J'étais loin de penser que ça pourrait avoir des conséquences, je faisais confiance. Ceci associé à une péridurale que je dosais un petit peu trop forte (ben oui, sinon ça fait mal…) et à des respirations négligées (ben oui, si je ne sens pas les contractions, je ne risque pas de bien respirer dessus). Bref, au final, mal oxygéné, le cœur de Tite se fatiguait et il avait fallu hâter la poussée avant dilatation complète. Ventouse et tout le tralala. Pas top, mais il s'en était quand même bien sorti…

Pour Fleur-Marie, ça avait été le contraire ! J'avais décidé de tout bien faire : je travaillais consciencieusement mes respirations et mes mouvements sur mon ballon et ma galette. Deux semaines avant le terme, les contractions étaient devenues plus fortes. Fred était donc parti sans moi à une réunion à laquelle nous étions invités. À son retour en fin d'après-midi, il m'emmènerait à la maternité si les choses se confirmaient. En attendant, j'avais eu l'idée de prendre un bain pour me détendre. J'avais entendu ma sage-femme le conseiller à des mamans au téléphone. Je ne sais pas ce qui s'est passé. Peut-être était-il trop chaud ? Mais à peine étais-je entrée dans la baignoire que les contractions se sont soudainement intensifiées et que j'ai perdu les eaux. J'ai dû appeler précipitamment les pompiers. Fleur-Marie est née sur le canapé du salon, deux minutes après leur arrivée !

Forte de ces deux expériences bien différentes, et sachant que j'en suis capable, je décide avec Fred de ne pas demander de péridurale pour la naissance d'Azélie afin de bien sentir les contractions. Car Azélie est fragile, il se peut que sa naissance soit trop violente pour elle, qu'elle ne la supporte pas. Mais en raison de sa maladie et de sa petite espérance de vie, nous avons décidé de ne pas avoir recours à la césarienne en cas de difficulté pour elle, afin de ne pas prendre de risque pour moi. Nous allons faire confiance à la nature. Si Azélie supporte sa naissance, ce sera magnifique ! Si elle ne la supporte pas, c'est que sa petite vie devait s'arrêter là…

Cependant je veux mettre toutes les chances de son côté ! Je sais que sans péridurale, je serai obligée de bien respirer pour supporter la douleur des contractions et donc de bien oxygéner mon bébé. Cependant, je voudrais pouvoir prendre un bain (pas trop chaud !) puisque ça a si bien marché pour la naissance de Fleur-Marie ! Nous demanderons pour cela la salle « Bora-Bora » avec sa grande baignoire !

Tout cela sera ajouté à notre projet de naissance.

Trousseau

Après avoir longtemps pensé qu'Azélie ne vivrait pas, ou très peu, je me dis maintenant que sa petite vie durera peut-être quelque temps.

Le 13 octobre, je me décide à aller faire des courses, car toute la layette que j'ai à la maison sera bien trop grande pour elle. Il lui faut des pyjamas bien chauds en taille 00, ouverts sur le devant pour faciliter l'enfilage.

Mais si elle ne vit pas ? J'ai dans une armoire une jolie petite robe blanche brodée que je portais étant bébé. Je pourrai l'en revêtir. Elle sera bien trop large pour Azélie, mais tant pis !

La visite du 22 octobre chez le cardiopédiatre nous en apprendra peut-être davantage…

Louis et Zélie

C'est l'automne, les feuilles commencent à tomber. Je suis en train de lire un livre sur Louis et Zélie Martin acheté à Paray-le-Monial pendant l'été. Ce couple, qui sera canonisé le 18 octobre de cette année 2015, a eu la douleur de perdre quatre enfants en bas âge.

Voici ce qu'écrit Zélie : « Ce matin, pendant la messe, j'avais des idées si noires à ce propos [elle craint de perdre un enfant], que j'étais toute bouleversée. [...] Le mieux est de remettre toutes choses entre les mains du bon Dieu et d'attendre les événements dans le calme et l'abandon à sa volonté[1]. »

Je me reconnais pleinement dans cette dernière phrase qui correspond parfaitement à ce que nous vivons. J'expérimente en moi-même qu'en retour de cette attitude du cœur, je reçois la paix intérieure et même une certaine joie.

Le dimanche 18 octobre est arrivé, quelle belle journée ! Aujourd'hui, le Ciel a rendez-vous avec la terre ! Aujourd'hui, Louis et Zélie vont être canonisés. L'Église

---

1. CF 45, cité dans Hélène Mongin, *Louis et Zélie Martin. Les saints de l'ordinaire*, Paris, Emmanuel, 2015, p. 50.

a reconnu leur sainteté. Toute leur vie, ils ont cherché à grandir dans l'amour de Dieu. Toute leur vie, ils ont cherché à vivre sa sainte volonté dans les plus petites choses du quotidien, avec une grande confiance en lui.

Eux qui ont vécu ce que beaucoup d'autres expérimentent : une enfance malheureuse pour Zélie, la question de leur vocation, leur rencontre providentielle et leur mariage, la mort de plusieurs enfants dans des conditions parfois dramatiques, l'alliance entre vie professionnelle et vie familiale, les problèmes d'éducation, la maladie et la mort pour Zélie, le veuvage, la vieillesse et la dépendance pour Louis… Comme on se sent proches d'eux ! Comme on les sent proches de nous !

Au même moment, en ce dimanche matin, en région parisienne, ma nièce Elena reçoit le baptême. Que Louis et Zélie la prennent aussi sous leur patronage !

De mon côté, j'anime la messe de notre paroisse avec quelques amis. À la fin de la célébration, tous les couples mariés de l'assemblée qui le souhaitent sont invités à renouveler, avec les tout nouveaux saints Louis et Zélie, les promesses de leur mariage. Promesse que nous avons faite huit ans plus tôt dans cette église de « nous aimer fidèlement, dans le bonheur *et dans les épreuves*, tout au long de notre vie ». Dans les épreuves… Nous y sommes…

« À l'exemple des saints Louis et Zélie Martin, donnez-nous le discernement, la sagesse d'élever nos enfants vers le Ciel. Pour le Ciel », dit la prière. Je ne sais pas si nous élevons nos enfants vers le Ciel. Ils sont encore bien petits. Pour le moment, cependant, Azélie en prend le chemin toute seule !

Pour couronner le tout, le père Sébastien, qui vient de célébrer cette messe, nous fait la joie de partager notre repas familial. Avec lui, nous parlons d'Azélie, de notre espérance qu'elle survive à sa naissance et de ce baptême que nous aimerions qu'elle reçoive le plus rapidement possible. En raison de sa maladie et de sa petite espérance de vie, son papa pourrait l'ondoyer à la naissance. C'est-à-dire qu'il pourrait la baptiser avec de l'eau sans effectuer l'ensemble des rites du baptême. Le père Sébastien bénit alors le petit flacon d'eau du Jourdain (déjà bénie par Jésus lui-même !) prévu à cet effet.

Aujourd'hui, le Ciel avait rendez-vous avec la terre…

Bonnes nouvelles

Le 22 octobre, à presque huit mois de grossesse, nous avons à nouveau rendez-vous avec le chaleureux cardiopédiatre.

Après l'échographie, il écrit ses conclusions : « Au total, pas d'élément cardiologique inquiétant. Dysplasie pulmonaire modérée. Déséquilibre modéré avec un faible risque d'installation d'une coarctation de l'aorte en période néonatale à la fermeture du canal artériel, sans certitude. Le désir des parents est de profiter de l'enfant à la naissance sans urgence d'hospitalisation sauf si son état le justifiait. » Les médecins auront compris le jargon !

Tout cela est plutôt encourageant ! Si Azélie n'a pas de cardiopathie ni de malformation létale, peut-être pourra-t-elle vivre quelques jours ?

D'après le docteur Z., pédiatre de néonatologie, il se peut même qu'elle parvienne à téter malgré sa fente palatine. Inutile de dire que ce serait vraiment l'idéal !!! Mais il ne faut pas trop rêver... Quoi qu'il en soit, j'ai prévu le tire-lait.

Nous avons profité de cette consultation au CHU pour prendre rendez-vous avec l'aumônerie de l'hôpital. Geneviève nous reçoit chaleureusement à la cafétéria. Elle nous apporte le formulaire qu'il nous faudra remplir après l'ondoiement d'Azélie. Je ne le sais pas encore, mais dans les semaines qui suivront, nous reverrons souvent Geneviève, ou Odile, sa coéquipière.

Petit à petit la naissance d'Azélie, si elle naît vivante, se prépare. Je commence de plus en plus à y croire…

45 bougies

Il y a quelques jours, mes parents ont posé leurs valises chez nous, pour une durée indéterminée. Ce sont les vacances scolaires de la Toussaint. Leur présence est bien précieuse pour s'occuper des enfants. Ma maman, très bonne cuisinière, nous prépare toujours de bons petits plats et papa est toujours partant pour faire du bricolage. Et à la ferme, ça ne manque pas !

Dimanche 25 octobre, c'est mon anniversaire ! Je vais fièrement souffler 45 bougies ! Pour l'occasion, après la messe dominicale, nous montons tous ensemble au col de l'Arzelier pour déjeuner dans un petit restaurant qui offre une vue splendide sur les majestueuses falaises du Vercors. Il fait un temps magnifique, d'une grande douceur. Les forêts qui dévalent les pentes abruptes ont revêtu leur manteau multicolore.

Nous sommes paisibles et joyeux. Nous sommes toujours devant l'inconnu, mais pour le moment, les choses s'annoncent plutôt bien. À quoi bon nous inquiéter ? Nous continuons à vivre le moment présent. Je profite pleinement de cette magnifique journée d'automne et de ce bon repas d'anniversaire pris dans un si beau cadre, entourée par mes parents, mes enfants chéris et mon mari.

Après le repas, nous marchons jusqu'à un arbre splendide dont les mille ramifications semblent jaillir du sol. Les enfants peuvent grimper facilement dans ses troncs. Sous nos pieds s'étale un tapis de feuilles argentées sur lequel nous nous posons et dans lequel les enfants sautent joyeusement ! C'est si simple, le bonheur…

Institut Jérôme-Lejeune

La naissance approche. J'ai contacté l'Institut Jérôme-Lejeune[1] dans le but d'avoir quelques informations supplémentaires sur l'avenir possible d'Azélie. Voici la réponse très attentionnée du docteur Aimé Ravel :

Chère Madame,

Merci de votre confiance et de votre espérance pour Azélie. Le professeur Marie-Odile Rethoré est certainement une des personnes qui a suivi le plus de bébés porteurs de trisomie 18. Mais j'en ai suivi personnellement plusieurs et je me permets donc trois messages :

1. Tout est possible concernant l'espérance de vie : du décès in utero *au décès après l'âge de 9 ans (j'ai suivi personnellement trois enfants décédés après 9 ans) ; j'insiste car trop souvent on parle de décès rapide aux futurs parents mais ce n'est pas toujours le cas.*

2. Les enfants dont j'ai eu à m'occuper, s'ils présentaient un retard indiscutable et parfois une grosse fatigue liée à une cardiopathie sévère, avaient néanmoins un contact relationnel

1. Premier centre de soins et de recherche clinique en Europe pour la trisomie.

indiscutable : ce sont des enfants et non ce que certains ont osé appeler des légumes.

3. Chaque enfant, chaque famille est unique : il n'y aura qu'une Azélie et il n'y aura qu'un couple comme le vôtre. Le professeur Rethoré cherchera certainement à vous joindre, sinon n'hésitez pas à m'appeler au 06...

Bises à Azélie, courage à ses parents.

Cette réponse tellement humaine me va droit au cœur. De plus, elle nous apporte quelques éclaircissements supplémentaires. Le document de la généticienne évoquait « une hypotonie, une hyporéactivité, des difficultés de succion qui pouvaient évoluer vers une hypertonie avec *quasi-absence de contact* ». D'après le docteur Ravel, s'il vit, nous pouvons espérer une certaine interaction avec notre bébé. À vrai dire, je ne m'étais pas encore posé ce genre de question. Ce futur me semble encore lointain, bien que nous approchions du terme. Je continue à vivre le moment présent.

Le soir même, le professeur Marie-Odile Rethoré m'appelle. Cette femme, née en 1929, toujours en activité en 2015, a collaboré de longues années avec le professeur Lejeune. Comme lui, elle a consacré toute sa vie aux enfants et aux adultes porteurs d'une maladie génétique rare ainsi qu'à leurs familles. Je suis frappée par sa capacité d'écoute et par le respect qu'elle porte à mon bébé. Je la quitte avec l'assurance qu'en cas de besoin, nous aurons des interlocuteurs de confiance.

Doudou

29 octobre, nous sommes à moins d'un mois du terme. C'est peut-être un peu naïf, mais ce matin, je suis allée acheter un doudou musical pour Azélie. J'ai testé tous les doudous du magasin pour trouver une petite musique douce. Quand elle est réveillée, je mets le doudou sur mon ventre pour la lui faire entendre. Ainsi, si après sa naissance elle doit rester seule en néonatologie, quelqu'un pourra lui mettre la musique qu'elle connaît.

Le gâteau

30 octobre. Azélie est toujours bien au chaud dans mon ventre ! Ce matin, j'ai donné à Tite un billet de vingt euros que nous avons mis dans une tirelire.

Sa mission : quand papa et maman seront partis à l'hôpital, qu'Azélie sera née, aller à la boulangerie et choisir lui-même un beau gâteau à partager avec Fleur-Marie, Poupa et Mamie Hélène, Papi et Mamie Marthe !

Toussaint

Le but de notre vie, c'est le Ciel ! La fête de la Toussaint nous le rappelle !

En ce dimanche 1er novembre, fête de tous les saints, j'ai une pensée particulière pour tous ces petits partis trop vite. Ces petits qui ont eu une toute petite vie. Leurs noms défilent dans mon cœur : Benoît, Dominique, Charles, Antoine, Hyacinthe, Graziella, Gabriel, Céleste, Marie-Clémentine, Claire-Marie, Augustin… Aujourd'hui, je pourrais en ajouter encore bien d'autres : Louise, Constance, Louis, Marie et Espérance, Gaspard, Thaïs, Marin, Ibrahim, Jade… et tant d'autres que je ne connais pas, pour qui leurs parents se sont battus. Il y a aussi tous ceux qui sont morts avant d'avoir vu la lumière du jour, avant l'heure, avant que *leur heure* ne soit venue, par la volonté des hommes…

Tous sont au Ciel, près de Jésus. Ils y sont allés directement, ces petits saints. Pas besoin de purifier leur cœur, il n'a pas eu le temps de se salir. Contrairement à nous, ils n'ont pas commis de péché qui les ait séparés du Seigneur. Leurs cœurs étaient pleinement disposés à accueillir son amour infini. Ils se sont jetés directement dans ses bras !

Notre espérance est de les retrouver au Ciel, à notre mort, si nous choisissons la lumière. Quelle espérance pour leurs parents !

Ils nous donnent le désir du Ciel et de la sainteté. Cette sainteté à laquelle nous sommes tous appelés, cette sainteté qui nous ouvrira les portes de la vie éternelle. Cette sainteté qui nous permettra de les retrouver.

J'ai encadré dans ma maison une jolie carte postale sur laquelle on peut lire cette phrase de sainte Thérèse de Lisieux :

« La sainteté, c'est une *disposition du cœur*
qui nous rend humbles et petits entre les bras de Dieu,
conscients de notre faiblesse
et confiants jusqu'à l'audace en sa bonté de Père[1]. »

Par cette phrase, la petite Thérèse m'encourage ! La sainteté ne s'obtient pas à la force du poignet ni par des efforts surhumains. C'est se mettre entièrement sous le regard très aimant de Dieu pour se laisser pardonner, transformer et guider par lui. C'est une grâce à désirer, une grâce à demander !

La Vierge Marie, les anges et tous les saints que nous fêtons aujourd'hui sont là pour nous aider sur ce chemin vers Dieu.

1. Sainte Thérèse de l'Enfant-Jésus et de la Sainte-Face, *Dernières paroles*, CJ 3.8.2.

L'attente

Après la magnifique messe de la Toussaint, célébrée dans notre paroisse, nous montons nous promener sur le plateau du Vercors. Au cours de la promenade, je commence à sentir des contractions… Vu les circonstances, il ne s'agit pas d'accoucher n'importe où ! Nous laissons donc les enfants à mes parents et filons à la maternité.

Monito, etc. Finalement, les contractions se calment, mais comme il y a peu de monde à la maternité et que je crains de rentrer à la maison, on me met tout de suite en salle d'accouchement. La salle Bora-Bora, celle qui a la baignoire, celle que j'ai demandée. J'espère en effet bénéficier du bain d'eau tiède pour aider à la dilatation. Malheureusement, l'eau chaude ne fonctionne pas ! La baignoire est en panne et mes contractions aussi. Je me retrouve bêtement dans un bain d'eau froide ! Cette situation cocasse nous fait rire, mais je suis quand même déçue… Ce ne sera donc pas aussi facile que ce que j'espérais. Fred finit par rentrer à la ferme pour traire ses vaches et dormir à la maison. Heureusement, Coralie, notre super apprentie, pourra le remplacer demain si nécessaire. De mon côté, j'essaye de dormir tant bien que mal sur cette table d'accouchement…

Le lendemain matin, toujours rien. La poche des eaux est fissurée mais je n'ai plus de contractions… Le travail s'est arrêté... Il faudra sans doute déclencher vers 19 heures. Déclencher ? Pauvre bichette, avec vingt-cinq jours d'avance... Elle aurait sans doute apprécié de rester au chaud plus longtemps... D'autant plus que je sais maintenant qu'Azélie ira nécessairement en néonat à cause de sa fente, car on n'est pas sûr qu'elle puisse téter.

L'attente est longue. Les équipes se succèdent. Fred viendra lorsque son travail à la ferme le lui permettra. En attendant, c'est le docteur Z., chef de service de néonat, qui entre dans la pièce. Il est accompagné d'une autre personne que je ne connais pas. Il me dit :

« Bon, on est bien d'accord, pas d'acharnement thérapeutique, hein ? On est bien d'accord ?

– Heu, oui, bien sûr... »

Puis ils s'en vont comme ils sont venus... Pas un sourire, pas un mot doux...

Je suis profondément blessée par si peu de considération pour mon bébé. Bien sûr, nous sommes d'accord, nous ne ferons pas d'acharnement thérapeutique, ce qui veut dire que contrairement à un bébé en bonne santé, Azélie ne pourra pas bénéficier d'assistance respiratoire ni de réanimation après sa naissance si ça se passe mal. Cela ne me choque pas. Je comprends qu'on ne cherche pas à ranimer à tout prix un petit bébé dont l'espérance de vie est si courte. Nous savons qu'il est possible qu'Azélie ne supporte pas sa naissance. Nous y sommes préparés et nous acceptons de laisser faire la nature.

Je sais aussi qu'il n'y aura pas de monitoring pendant l'accouchement. Il serait en effet absurde de surveiller son rythme cardiaque puisque nous avons décidé de ne pas avoir recours à la césarienne en cas de faiblesse d'Azélie. Mon cousin me l'a bien expliqué : il est douloureux de voir les chiffres du monitoring baisser quand la naissance se passe difficilement, surtout lorsqu'on a décidé de ne pas intervenir. Nous avons choisi de faire confiance à la nature. Nous verrons bien…

Je comprends que ce médecin se protège de tout recours de notre part mais la violence de cette visite en force m'a atteinte de plein fouet. Et puis je pensais ce docteur bienveillant… Je fonds en larmes.

Quelques minutes plus tard, la sage-femme de l'Utap qui accompagne les grossesses compliquées me rend visite. En larmes, je lui raconte ce qui vient de se passer. Elle m'écoute avec beaucoup de bienveillance, comme toujours. La dureté de cette rencontre me ramène à la cruauté de notre situation. Mon bébé est gravement malade. Aux yeux de certains, il n'aurait pas dû vivre. Les difficultés ne font peut-être que commencer ? J'ai besoin de prier… Elle me conseille d'appeler l'aumônerie. Quelle bonne idée ! Je fais la connaissance d'Odile qui est de permanence à l'aumônerie aujourd'hui. Ce moment de prière m'apporte la consolation dont j'ai besoin.

Comme elle est longue, cette attente. Fred est venu cet après-midi, puis il est reparti travailler. Il reviendra plus tard. L'accouchement est déclenché. L'équipe de nuit arrive. Il faut encore attendre… Je bouge sur mon gros ballon de naissance pour aider mon bébé à descendre. C'est un homme sage-femme qui fera la nuit. Fred est revenu. Voilà les contractions qui reprennent. Le travail se met en route. Ça fait mal. Cette fois-ci, c'est la bonne ! Le sage-femme est sur le qui-vive. Je respire sur les contractions. Respiration complète. Je me prépare à l'expiration active quand les contractions seront devenues trop douloureuses. Le sage-femme est très à l'écoute. Tout s'accélère. J'ai besoin que la table soit redressée et d'une barre pour me tenir pendant les contractions. Au moment le plus douloureux, je souffle à fond en aplatissant au maximum mes abdominaux. Fred est à mes côtés. Le bébé arrive. Il est là. Il est 23 h 22, ce lundi 2 novembre 2015.

Je suis fière de moi…

Deuxième partie

VIVRE

« La petite vie d'Azélie n'est pas terminée. »

Celui qui demeure en moi et en qui je demeure,
celui-là porte beaucoup de fruit ;
car, en dehors de moi, vous ne pouvez rien faire.

Jn 15, 5

Sur la tombe du Professeur

Anniversaire au Col de l'Arzelier

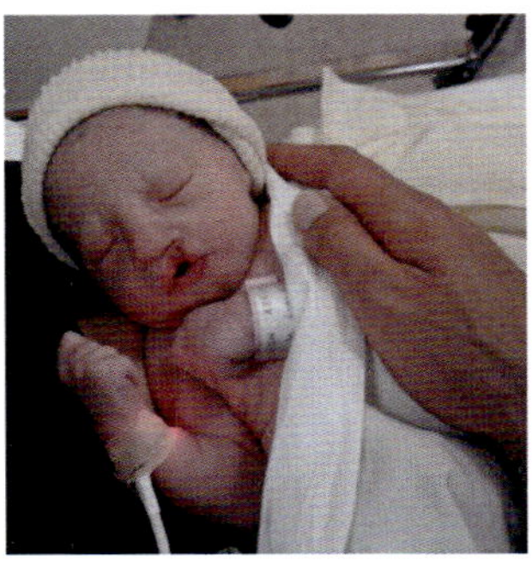

Azélie est née

Azélie est ondoyée

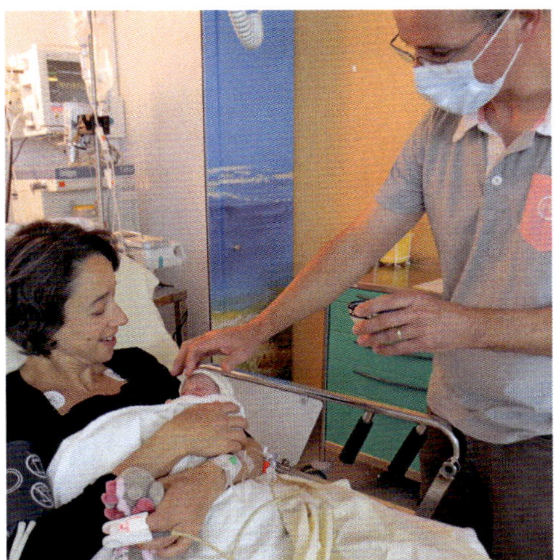

En néonat

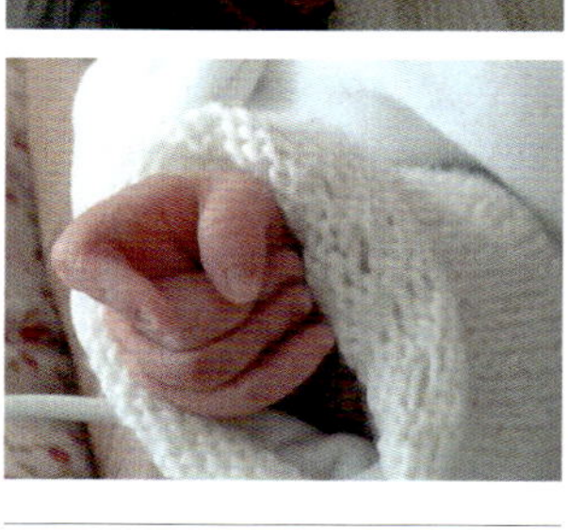

Petite main crispée

À la maternité

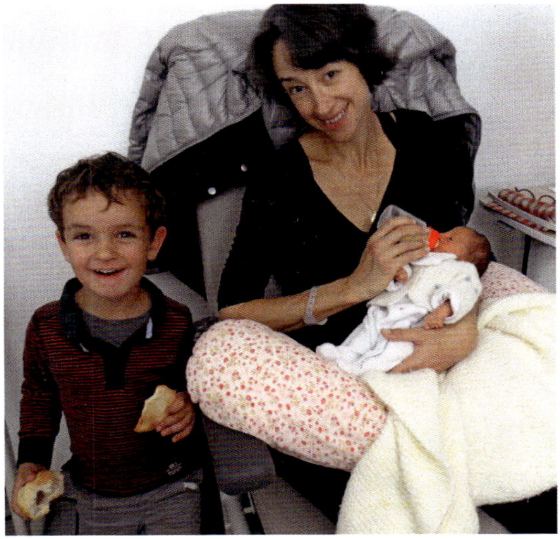

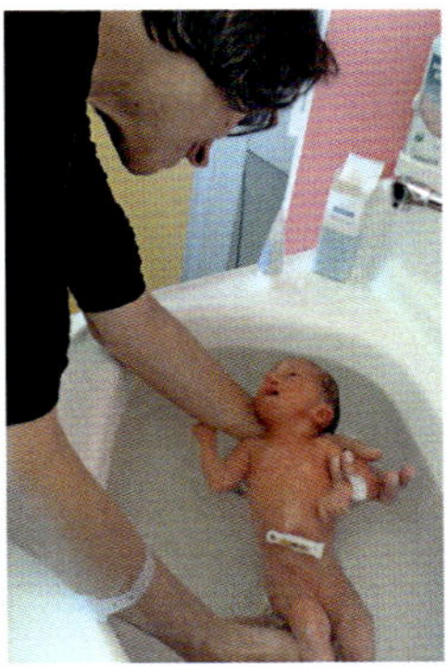

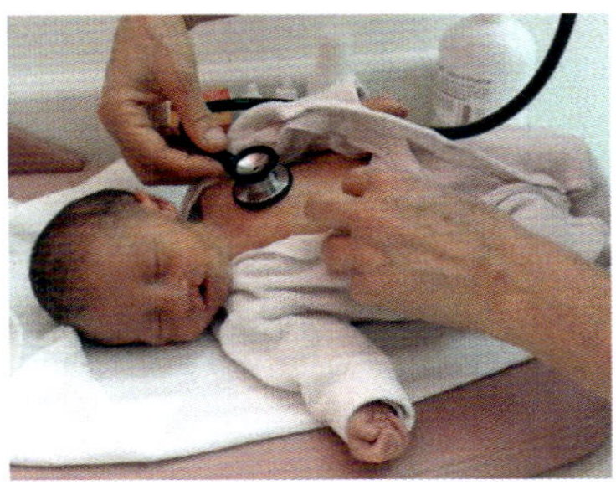

Avec Jésus

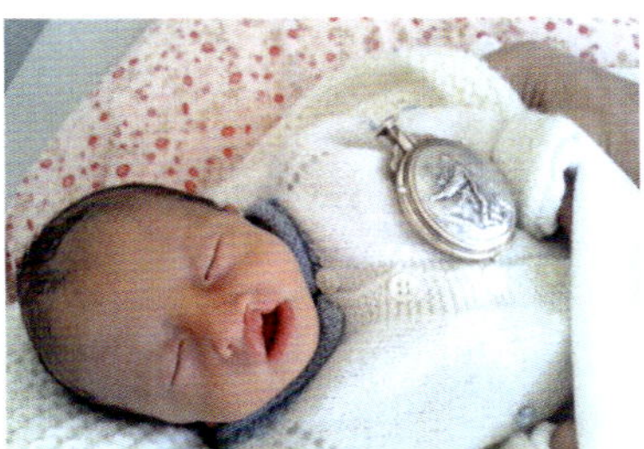

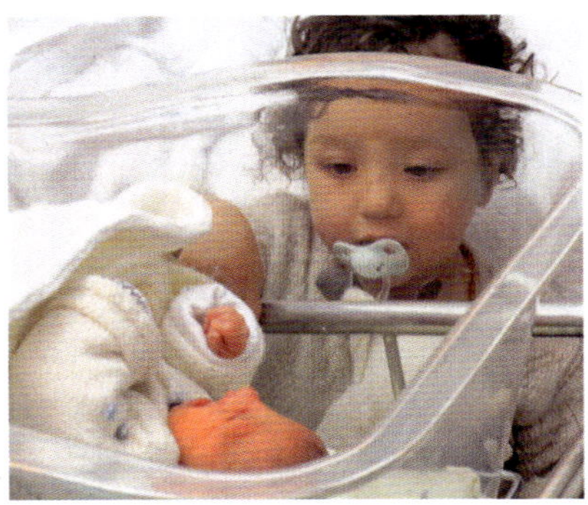

À la maison

Baptême

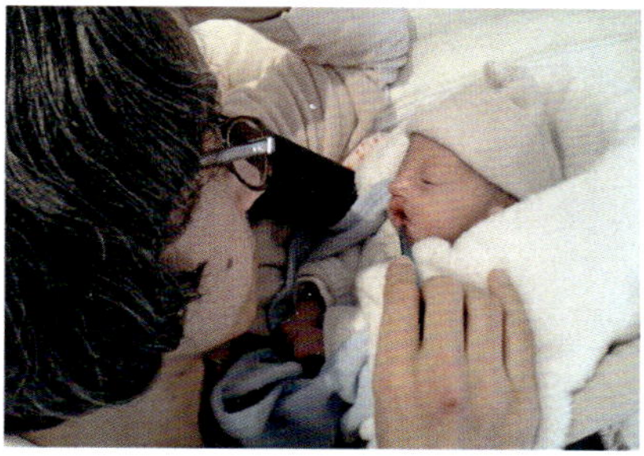

Son état se dégrade

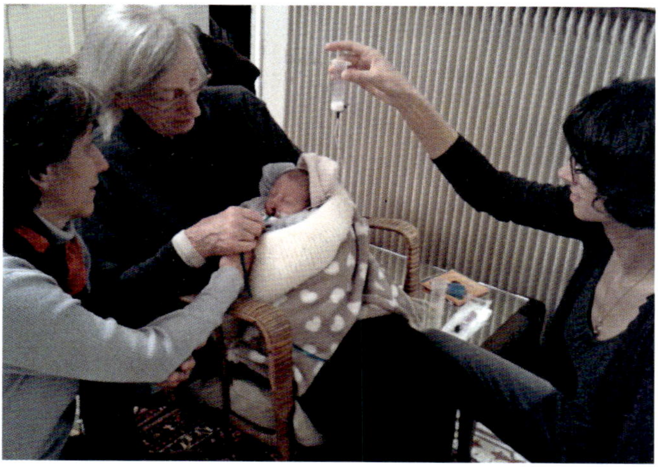

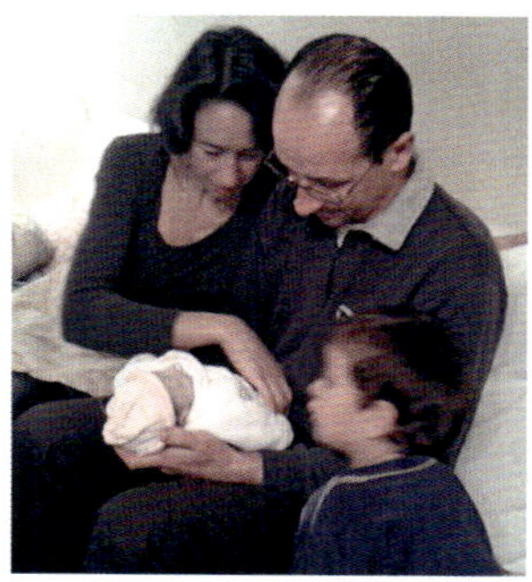

La veille

Enciellement d'Azélie
11 décembre 2015

La vie continue

Noël 2018 à Paris

Mars 2016
Vacances à Valence

2 novembre 2016
Joyeux
Anniversaire
Azélie

Toute rose

Azélie est toute rose, toute belle ! La peau un peu fripée comme les délicats pétales d'une fleur qui vient d'éclore. Quel grand moment de bonheur ! On me l'a posée sur la poitrine.

Elle respire bien et fait des petits bruits très mignons et amusants. Sa fente n'a rien d'impressionnant. Un jeune interne en pédiatrie, qui se tient là discrètement, la surveille du coin de l'œil. Une auxiliaire puéricultrice lui met un scope au poignet pour surveiller sa saturation.

Nous passons un petit moment comme ça, avec elle, Fred à mes côtés. Nous sommes heureux ! Notre petite championne a surmonté brillamment l'épreuve de sa naissance. Sa petite vie, cachée en moi depuis un peu plus de huit mois, n'est pas terminée…

Au bout d'un quart d'heure, on me propose de m'endormir pour une révision utérine pendant qu'on s'occupera d'Azélie. J'accepte sans difficulté ce petit sommeil artificiel bien mérité car je suis épuisée. Fred accompagne sa fille qui se fait ausculter, mesurer, peser… Elle mesure 42 cm et pèse 1,880 kg. Du sang de cordon est prélevé dans le but d'effectuer le caryotype qui confirmera la trisomie 18.

À mon réveil, on me rapporte mon bébé pour une heure de peau à peau.

Nous sommes tranquilles dans la salle Bora-Bora décorée d'un papier peint aux palmiers verdoyants. Azélie est tout contre moi. Sara, la jeune auxiliaire, se tient là, discrète. Elle surveille le scope. Rien à signaler, tout va bien. L'interne s'est éclipsé.

Équipé d'un masque chirurgical, Fred sort de sa poche le petit flacon d'eau bénite. De l'eau du Jourdain rapportée quelques mois plus tôt par mes parents. Il en verse un petit peu dans un joli bol rapporté lui aussi de Terre sainte, et du bout des doigts il dépose par trois fois quelques gouttes d'eau sur le front d'Azélie en disant :

« Azélie-Marie, je te baptise au nom du Père et du Fils et du Saint-Esprit.

– Amen ! » répond Sara, à qui nous avions également confié l'appareil photo pour immortaliser ce moment.

Et avec grande joie nous chantons :

« Tu es devenue enfant de Dieu et sœur de Jésus, alléluia ! Aujourd'hui l'Esprit repose en toi et chante alléluia ! »

Vers 2 heures du matin, Azélie est emmenée en service de néonatologie, tandis qu'on me conduit dans ma chambre à la maternité, deux étages plus haut. Azélie va bien, je la quitte sereinement. Il est temps de dormir un peu…

Premier jour

Dès mon réveil, après une douche bienfaisante, le petit déjeuner et la visite de la sage-femme, je me dépêche de rejoindre le service de néonatologie où m'attend Azélie. On me dirige vers une toute petite chambre éclairée par une grande baie vitrée. Comme mobilier, une table à langer, un fauteuil, un petit bureau avec un ordinateur et un tabouret, un berceau de bébé surmonté d'un écran plein de chiffres lumineux qui changent tout le temps et auxquels je ne comprends pas encore grand-chose.

Azélie est sur les genoux d'une puéricultrice qui lui fait téter un biberon minuscule. C'est incroyable ! Malgré sa fente, Azélie peut téter ! Je suis émerveillée !

Puis la puéricultrice lui change sa toute petite couche. Il va falloir que j'apprenne à m'occuper de ce bébé si frêle ! En attendant, Azélie est choyée par Romy, cette jeune femme qui s'occupe si bien d'elle avec habileté et douceur.

Mais l'équipe médicale trouve Azélie faible et décide de lui poser une petite sonde gastrique pour qu'elle se requinque un peu plus rapidement. On commence par lui poser la sonde par le nez. Mais rapidement, ils se rendent compte que le petit tube qui passe par sa narine droite l'empêche de respirer. En effet, la malformation due à la fente palatine affecte aussi son nez. Sa petite narine gauche est bouchée. On libère donc la narine opérationnelle en lui passant la sonde par la bouche.

En fin de matinée, je retourne dans ma chambre où m'attend mon plateau déjeuner. Je l'avale rapidement, essaye tant bien que mal de tirer mon lait, puis retourne en néonat prendre ma fille dans mes bras. Tout semble aller bien. Je remarque quand même, lorsque j'entre dans la chambre d'Azélie, que le scope qui était tombé à 88 remonte à plus de 95 !

L'après-midi, Frédéric vient visiter Azélie avec sa maman, Mamie Marthe, ainsi que Tite qui découvre sa petite sœur. Azélie dort dans son petit berceau chauffant, entourée de ses doudous et d'une image du professeur Jérôme Lejeune. Du haut de ses 3 ans, Tite accroche ses petites mains au bord du berceau et observe ce tout petit bébé qui dort, une petite lumière rouge au poignet et un tuyau lui sortant de la bouche.

On sait de quoi va mourir Azélie

Le soir, Fred et moi sommes convoqués par l'équipe médicale. Nous nous trouvons dans une salle de réunion. Autour de la table, une interne, la puéricultrice, le docteur Z et d'autres personnes que je ne connais pas. Le médecin prend la parole d'un air grave :

« Votre bébé a un omphalocèle. C'est une anomalie de la suture de l'abdomen qui fait que quelques méandres de ses intestins sont passés dans son cordon ombilical. Il n'y a rien à faire. De toute façon, aucun chirurgien ne voudrait opérer un petit bébé comme ça. En bref, le cordon va s'assécher et ça va s'infecter… »

Nous sommes interloqués, abasourdis par cette nouvelle. J'essaye timidement de parler :

« Mais il y a peut-être quelque chose à faire, sans forcément opérer ?

– Je comprends, Madame, votre désarroi, mais pour Azélie, c'est ce que nous sommes convenus : nous sommes dans le palliatif et non pas dans le curatif, donc on ne fera rien. »

Il est inutile d'insister… Nous sortons de là complètement sonnés. Ça y est, maintenant nous savons de quoi va mourir Azélie, dans quelques jours… J'ai le cœur brisé, tout s'écroule.

Alors qu'elle fait partie des 10 % d'enfants porteurs de trisomie 18 qui n'ont pas de cardiopathie grave, il nous faut maintenant, comme 90 % des parents de ces enfants, profiter pleinement de chaque instant car nous savons que ses jours sont comptés.

La visite d'Odile, l'aumônière, venue m'apporter la communion, m'est d'un grand réconfort ce soir-là. Je pose la custode argentée contenant le Corps du Christ sur le ventre d'Azélie. Jésus, tu es là, toi, tu sais tout. Tu es le maître de la vie. J'ai confiance en toi. Que ta volonté soit faite…

Une autre consolation est que dans la soirée, après que la sonde a été retirée, Azélie a tété au sein ! Et je suis revenue l'allaiter à 3 heures du matin. Quelle championne, cette Azélie !

Sauver Azélie

Je n'ai pas beaucoup dormi cette nuit-là. Je tourne et retourne les paroles du médecin dans ma tête. Je me dis que si une personne malade, incurable, se cassait le bras, on lui mettrait bien un plâtre. Ce n'est pas de l'acharnement thérapeutique de mettre un plâtre à quelqu'un qui a le bras cassé, quels que soient le nombre de ses chromosomes et son espérance de vie…

Est-ce de l'acharnement thérapeutique que d'essayer de remettre à leur place ses petits intestins ?

Le matin, j'arrive dans le service les yeux tout gonflés, rougis par la fatigue et par les larmes. Je croise Irène, la jeune interne qui était présente à la réunion de la veille. Gentiment, elle me demande comment je vais. En essayant de lui sourire, je réponds la seule chose que je puisse dire : « Ça va… Maintenant nous savons de quoi va mourir Azélie. »

La matinée se passe. Fred et moi réfléchissons à la manière d'essayer de sauver Azélie. Nous ne pouvons nous résoudre à la voir mourir de cette façon. Alors que tout semble bien aller par ailleurs, alors que ses organes vitaux ne présentent pas de malformation grave ! Alors que tout laissait imaginer qu'elle pourrait vivre un petit peu de temps… Nous ne pouvons accepter de la voir mourir par absence de soins, sans que rien soit tenté pour résoudre ce petit problème mécanique… J'aurais moi-même envie de tenter quelque chose, de repousser les petits intestins pour les remettre à leur place. J'y pense, mais est-ce que j'oserais ? J'aurais peur de mal faire, alors que je ne lui ai même pas encore changé sa couche… C'est d'ailleurs peut-être à cause de cet omphalocèle que la puéricultrice ne m'a toujours pas proposé de le faire…

Puisque rien ne semble possible ici, nous imaginons demander conseil au professeur Marie-Odile Rethoré. D'après le docteur Ravel, c'est la personne qui a suivi le plus de bébés porteurs de trisomie 18. Peut-être a-t-elle déjà rencontré cette situation ? Peut-être saura-t-elle ce qu'il faut faire ? Peut-être y a-t-il un produit que l'on puisse appliquer sur le cordon pour l'empêcher de se dessécher ? Un produit pour empêcher l'infection ? Mais nous ne voulons rien entreprendre dans le dos de ceux qui se dévouent avec tant de gentillesse pour Azélie. Nous parlons donc de ce projet à Romy, la délicate puéricultrice, qui nous répond qu'elle en fera part à l'équipe.

J'ai confiance en toi

Cet après-midi, c'est la fête ! Tite et Fleur-Marie arrivent accompagnés par Mamie Hélène. La minuscule chambre est envahie ! Nous sommes réunis tous les cinq pour la première fois ! Nous en oublions la tristesse et les soucis de cette journée. Ne nous faut-il pas vivre intensément chaque instant ? Les enfants observent leur petite sœur avec curiosité. Je cajole Fleur-Marie que je n'ai pas vue depuis trois jours. Elle semble très intriguée par ce petit bébé qu'elle voudrait bien toucher. Mamie Hélène nous prend en photo tous ensemble. La famille est au complet, nous sommes tellement heureux ! Mais ce chahut ne doit pas durer trop longtemps.

À peine la joyeuse troupe est-elle repartie que Geneviève entre. Comme Odile l'avait fait la veille, elle nous apporte le Saint Sacrement : Jésus Hostie caché dans une petite custode argentée. Je vais recevoir la communion. Mais avant, nous profitons de ce petit moment d'adoration en présence du Seigneur. Geneviève pose la custode sur le ventre Azélie que je tiens sur mes genoux.

Jésus, toi qui sais tout, toi qui peux tout, tu es là, posé sur mon bébé malade. Toi, tu sais tout, toi, tu peux tout… Je ne sais quoi te demander. Je te prie pour mon bébé. Vois cet omphalocèle qui va l'emporter. J'ai confiance en toi.

Ta présence réelle dans l'hostie me réconforte, car je sais que sa petite vie est entre tes mains. Je n'ai rien à craindre car tu es avec moi, avec nous. Quoi qu'il arrive, ta grâce nous accompagne. Tu nous donnes la force de vivre ce que nous avons à vivre.

Nous prions intensément, tous les trois, avec Azélie dans mes bras.

Lorsque Geneviève se lève pour partir, la porte s'ouvre.

Ils ont écouté leur cœur

Romy entre, suivie par Irène, la jeune interne à qui j'avais confié mon désarroi le matin et un monsieur barbu que nous ne connaissons pas. L'homme barbu s'approche. C'est un chirurgien gastro-entérologue.

Il demande à voir Azélie qui est toujours sur mes genoux. Il se penche, regarde son cordon, la prend dans ses bras, la pose sur la table à langer. Il attrape délicatement le cordon ombilical dans lequel on aperçoit en transparence les petits intestins sur une dizaine de centimètres. Il le verticalise et… vloooup ! Voilà que les petits intestins descendent gentiment dans l'abdomen d'Azélie. Il met une nouvelle pince au niveau du nombril… et voilà ! En un clin d'œil, tout est arrangé !

Nous poussons des cris de stupeur et de joie. Nous n'en croyons pas nos yeux ! Nous sommes sans voix !

Nous avons à peine le temps de dire un mot, un merci, qu'il s'en va en disant avec humour et satisfaction : « C'est l'intervention la plus courte de toute ma carrière ! »

Nous sommes éblouis. Moment incroyable ! Nous sommes tous très émus ! Cette courte intervention sauve la vie d'Azélie !

Nous imaginons alors ce qui a pu se passer : la puéricultrice d'Azélie serait allée parler à la jeune interne, qui elle-même aurait pris sur elle d'aller chercher un chirurgien pour examiner Azélie... Et tout est rentré dans l'ordre ! Oui, dans l'ordre, car ce n'était pas *dans l'ordre* de laisser Azélie mourir comme ça, sans rien faire. Je ne sais pas comment je remercierai ce médecin qui est passé comme un éclair et dont je ne connais même pas le nom, ni cette jeune interne, ni les puéricultrices si dévouées à leurs tout petits patients et à leurs parents...

La petite vie d'Azélie n'est donc toujours pas terminée ! Et je rends grâce à Dieu pour ces personnes qui se sont laissées toucher par ce qui arrivait à Azélie, qui ont écouté leur cœur au lieu d'écouter leurs peurs. Merci Seigneur...

Azélie va bien. Elle tète son petit biberon, son pouls bat normalement, le scope est au top, surtout lorsque j'entre dans la pièce. Et quand je la prends dans mes bras, il monte au plafond ! Il est inutile qu'elle reste davantage en service de néonatologie. Puisque de toute façon, si son cœur flanche, si ses poumons flanchent, si son cerveau flanche, elle ne pourra pas bénéficier des services de réanimation, il est donc décidé qu'elle me rejoindra demain, 5 novembre, à la maternité !

Bye bye néonat

Et voici Azélie installée dans ma chambre. Plus besoin de prendre l'ascenseur pour aller voir mon bébé au milieu de la nuit. Plus de scope au poignet, plus de fil à la patte. Plus de machine de surveillance qui fasse bip-bip. Nous allons vivre le moment présent. La vie, quoi !

Sur mon lit, j'ai installé un épais drap-housse en coton bouclette pour ne pas sentir dans mon dos l'alaise en plastique de l'hôpital. Vous savez, celle qui colle et qui donne chaud. Et sur la table de nuit, j'ai posé une petite lampe de chevet à abat-jour qui fait une douce lumière orangée. Elle évite d'allumer l'agressif néon à la lumière blafarde pendant la nuit.

La journée est rythmée par le passage des puéricultrices et auxiliaires qui prennent bien soin d'Azélie, des dames qui viennent donner un coup de serpillière au sol, de celles qui apportent le repas. J'aime beaucoup ces moments parfois très courts mais souvent très sympathiques.

Hier, avec l'aide d'Élodie, j'ai donné son premier bain à Azélie.

Une fois seulement, une puéricultrice m'a fait une remarque désagréable à propos de mon bébé malade qui ne devrait plus être là. Heureusement, elle n'est jamais revenue. Mon cœur en a été blessé mais cette rencontre m'a ramenée à la réalité de notre société malade qui rejette si souvent ces enfants différents… Je me rappelle cette phrase de Jean-Baptiste Hibon[1], que j'avais rencontré lors d'un rassemblement de jeunes il y a de nombreuses années. Depuis son fauteuil dans lequel son corps semblait complètement désarticulé, cet étudiant en psychologie aux mouvements désordonnés nous avait dit quelque chose comme ça : « Quand on aime, il faut un jour souffrir. »

Ma chambre se trouve un petit peu à l'écart des autres, au bout d'un couloir tout près de l'entrée du personnel. Bien que je n'aie plus besoin de ses soins, une sage-femme avec qui j'ai sympathisé passe régulièrement nous faire un petit coucou en fin de journée avant de quitter son service, juste pour le plaisir ! Ces joyeuses petites visites, purement gratuites, sont un vrai régal. J'y vois la force d'attraction d'Azélie. Elle est tellement attachante dans sa fragilité.

Bien sûr, Fred vient chaque jour passer un long moment avec petite Azélie et moi. En tant que papa, il a le droit de venir le matin. Il la tient au chaud contre lui, lui donne le biberon. Nous nous sentons heureux. Heureux avec notre bébé, heureux tout simplement.

Parfois, l'après-midi, des amis proches viennent me visiter. Puis mes parents nous rejoignent avec Tite et Fleur-Marie. C'est une joyeuse pagaille dans la chambre

1. Jean Baptiste Hibon, auteur du livre *Ivre de joie. Avec le handicap, souffrir ou renaître*, Paris, Emmanuel, 2004.

quand tout le monde est présent. Surtout les jours où mes frères Brice et Benjamin ont fait, chacun à leur tour, l'aller-retour dans la journée depuis Paris pour rencontrer Azélie, les bras chargés de cadeaux pour les enfants. Quelle fête dans la chambre de la maternité !

J'attends souvent avec une certaine impatience la visite des enfants. J'aime les voir s'approcher de leur petite sœur, s'interroger, la contempler, lui parler. C'est doux de passer du temps tranquillement avec eux, de leur raconter une histoire comme quand nous étions à la maison.

Un jour, une photographe passe pour une séance photo. Azélie n'est pas au top de sa forme, elle fait une petite jaunisse. Nous posons toutes les deux. La photographe est très délicate avec petite Azélie qui garde bien les poses ! Comme c'est important de se sentir considéré. C'est un moment vraiment très doux.

Chaque jour, en fin d'après-midi, Geneviève ou Odile nous apporte Jésus. Chaque jour, ce moment d'amitié et de prière est précieux. Chaque jour, c'est l'occasion de remettre nos vies entre ses mains à lui, le Créateur de l'univers qui se fait tout petit, tout petit pour venir discrètement à notre rencontre, qui se fait réellement présent sous la forme d'un petit morceau de pain, qui se fait nourriture. Cette rencontre intime avec le Seigneur me remplit de paix et de force. Je n'oublierai jamais ce jour où Azélie a ouvert les yeux et fait un magnifique sourire aux anges alors qu'elle portait contre son cœur la petite custode contenant Jésus, son sauveur.

« Vous ne vous en rendez pas compte, mais vous êtes rayonnants ! » me dit un jour Geneviève.

Sans doute est-ce le rayonnement du bonheur ? Le rayonnement de la paix intérieure de celui qui sait qu'il est à sa place là où il est ? Le rayonnement de la joie profonde ?

La vie à la maternité

Azélie est maintenant suivie par Valérie, une gentille pédiatre avec qui j'ai un bon contact, même si je sens qu'elle marche sur des œufs avec nous.

Alors qu'elle pesait 1,880 kg à la naissance, Azélie pèse aujourd'hui seulement 1,700 kg et la pédiatre pense avoir entendu un souffle au cœur. Un rendez-vous est pris avec le cardiopédiatre pour en savoir plus.

Une chose est claire, si nous voulons espérer rentrer bientôt à la maison, il faut absolument qu'Azélie grossisse et, pour grossir, elle ne doit pas dépenser d'énergie inutilement !

Tout est donc mis en œuvre pour cela. Une rampe chauffante a été placée au-dessus de la table à langer pour qu'Azélie ne perde pas de calories quand on la change. Elle dort dans un berceau chauffant, ou le plus souvent dans mes bras.

Le tire-lait est posé sur une petite table au bout de mon lit. Plusieurs fois par jour, j'essaye de tirer mon lait. C'est un exercice qui me coûte, que je trouve long et ennuyeux. Le lait arrive tout doucement, en toutes petites quantités. 20, 30… 40 ml quand ça va bien. Mais à voir les cuisses grassouillettes de Tite et Fleur-Marie lorsqu'ils étaient bébés, j'imagine qu'il est riche et qu'il permettra à Azélie de prendre un peu de poids. J'en remplis de petits biberons. Je dois sortir dans le couloir pour les ranger dans un frigo prévu à cet effet. Avant de les donner à Azélie, j'essaye de les réchauffer au bain-marie avec l'eau chaude du robinet.

Je fais tout mon possible pour qu'Azélie boive bien ses biberons. Il faudrait qu'elle arrive à boire 40 ml de lait par tétée. Mais souvent, elle n'en avale que 25 ou 30, ce qui me désole profondément.

Je suis de plus en plus fatiguée. Souvent, cette coquine me réveille plusieurs fois dans la nuit. Je ne sais pas si c'est parce qu'elle a faim ou si c'est autre chose. Mais bon, c'est le lot de toutes les mamans ! Heureusement, il arrive que les puéricultrices de nuit me proposent de la prendre avec elles pour que je puisse dormir un petit peu.

Le témoignage d'Azélie

Je vous ai parlé de la page Facebook « Tombée du nid » qui m'avait nourrie pendant ma grossesse, cette page où sont recueillis les témoignages de familles d'un enfant différent, porteur d'un handicap. L'idée me vient d'en contacter l'administrateur pour proposer l'histoire de petite Azélie. Écrire, témoigner de ce que nous vivons me paraît naturel. Je ne peux le garder pour moi. J'ai besoin de le partager !

Très rapidement, Vincent me répond avec enthousiasme, et me voilà au travail. Je me mets à griffonner avec avidité au dos des menus qui accompagnent mes repas. Le lendemain, Fred m'apporte un ordinateur. Ce travail d'écriture va occuper tous les temps libres de mes journées et quelques nuits !

Quelques jours plus tard, le témoignage d'Azélie est publié sur la page « Tombée du nid »[1].

Suite à cette publication, la page « La petite vie d'Azélie » sur laquelle je continue à donner des nouvelles explose. Des tonnes de messages qui font chaud au cœur nous arrivent.

---

1. Ce témoignage sera repris dans le livre de Clotilde Noël, *Petit à petit,* Paris, Salvator, 2016, p. 125.

Azélie tout contre moi, je lis chacun de ces messages. Je voudrais répondre à chacun personnellement, mais j'en suis bien incapable !

Au fond de mon cœur, je remercie chacune de ces personnes pour ces encouragements et ces prières qui nous portent. Nous ne sommes pas seuls. Nous expérimentons la communion des saints : toutes ces prières, tous ces souhaits et encouragements montent vers le Ciel et nous reviennent en grâces.

Grâce à vous, croyants ou non, qui nous avez portés dans votre cœur, nous avons gardé le sourire malgré la maladie de notre bébé. Nous avons gardé la joie malgré la fatigue, nous avons gardé l'espérance malgré l'inconnu.

Je n'en peux plus !

Ce soir, je n'en peux plus ! Pourtant, aujourd'hui, j'ai eu une permission !

Les puéricultrices ont gardé Azélie pour que je puisse passer la journée à la maison. J'ai passé une excellente journée avec les enfants qui étaient ravis. C'est l'été indien, il faisait tellement beau que nous avons déjeuné dans le jardin. Mais j'ai constaté à quel point j'avais besoin de rentrer à la maison avec Azélie ! Je ne peux plus rester entre les quatre murs de cette chambre d'hôpital. J'ai besoin de retrouver ma famille, ma maison. Les enfants ont besoin de retrouver leur maman, même si mes parents s'occupent très bien d'eux.

J'attends donc le passage de la pédiatre de garde afin de trouver une solution. Pendant mon absence, Azélie a très peu mangé et à mon retour à la maternité, j'ai mis une heure à lui faire avaler 20 ml. Elle stagne à 1 700 g et a du mal à réguler sa température. Je crains que la sonde ne devienne indispensable pour la nourrir correctement. On m'a donné un bandeau de portage pour la maintenir au chaud contre moi lorsqu'elle n'est pas dans son berceau chauffant.

Je crois que ça ne sert plus à rien que l'on reste à la maternité. Je veux rentrer à la maison avec Azélie ! Je la garderai au chaud contre moi… Au moins, on sera en famille… Tite et Fleur-Marie pourront profiter un peu de leur petite sœur…

Feu vert !

Nous voici chez le cardiopédiatre à cause du souffle entendu par Valérie, la pédiatre. Il semble très heureux de voir Azélie en vrai après l'avoir connue *in utero.* Conclusion : rien à signaler. Pas de souffle. Le petit cœur d'Azélie va très bien ! Merci Seigneur, alléluia !

Cette fois, nous allons pouvoir rentrer à la maison, Valérie a accepté ! Azélie n'est quand même pas née pour vivre à la maternité ! C'est vrai qu'elle boit ses biberons, petit à petit, sans se presser… mais une sonde ne ferait que l'embêter… Il faut juste être patient. Sa courbe s'est d'ailleurs remise à monter : elle pèse 1,725 kg.

Notre sortie est donc prévue pour le lundi 16 novembre, quand la HAD[1] sera mise en place. Cette attente me semble bien longue.

Heureusement, hier, j'ai eu l'autorisation de rentrer à la maison avec Azélie pendant quelques heures. C'était vendredi. Je suis arrivée pile à l'heure de la sortie de l'école et de la garderie. J'avais bien emmitouflé Azélie dans l'Ergobaby. Quel bonheur d'être là avec mon bébé ! J'aurais voulu

1. Hospitalisation à domicile.

le montrer à tout le monde. Tite et Fleur-Marie étaient fous de joie que ce soit moi qui vienne les chercher !

Allez, courage, le week-end sera vite passé !

Le lundi 16 novembre, les valises sont prêtes. Jamais nous n'aurions pensé cela possible. Quelle action de grâces !

Nous attendons le feu vert pour quitter la maternité. Ce matin, Azélie pesait 1,735 kg. Elle a bien mangé cette nuit, mais son berceau chauffant ayant été arrêté, elle s'est un petit peu refroidie ce qui lui vaut d'être maintenant bien au chaud dans le bandeau, tout contre maman.

Fred vient nous chercher. En quittant la maternité, je pense à tout le personnel, à toutes ces personnes qui se sont si bien occupées de nous pendant les deux semaines qui viennent de s'écouler. Je vois tous ces visages, même si certains prénoms m'échappent. Nous ne les oublierons pas.

À la maison, tout est prêt pour accueillir Azélie.

À la maison

19 novembre, Azélie a 17 jours et voilà quatre jours que nous sommes rentrées à la maison. Tite et Fleur-Marie sont tout contents de retrouver leur maman et c'est un bonheur pour moi de pouvoir à nouveau m'occuper d'eux.

Pour les besoins d'Azélie, tout est bien installé. J'ai loué un tire-lait de compétition et un petit berceau comme ceux de la maternité pour pouvoir mettre un radiateur dessous, j'ai acheté une bouillotte pour accompagner Azélie partout où elle va et accroché un chauffage radiant mural au-dessus de la table à langer.

En réalité, le petit berceau ne sert pas beaucoup. La nuit, je préfère garder Azélie contre moi et le jour, quand je dois la poser pour faire quelque chose, je la mets bien au chaud dans les bras de son grand-père Poupa qui en profite pour faire une série de Sudoku. Bien installé dans le canapé du salon après son travail à la ferme, Fred apprécie également de servir de bouillotte à Azélie tout en s'enquérant des dernières nouvelles dans sa revue agricole. Mamie Hélène a aussi son tour, lorsque les soins de la maison lui en laissent le temps.

Chaque jour, les infirmières, Marlène ou Nadège, passent à la maison pour voir si tout va bien. Je pèse Azélie et note dans un classeur ses températures du jour, les quantités de lait qu'elle a absorbées, ce qu'il y avait dans sa couche, etc. Nous avons même, pour le cas où ce serait nécessaire, un petit aspirateur pour lui dégager les voies respiratoires, ainsi qu'une bouteille d'oxygène. Mais pour le moment, nous n'en avons pas besoin : Azélie sait très bien tousser quand ça part un petit peu de travers. Je dois cependant être attentive à ce qu'elle fasse bien ses petits rots car une fois allongée, si elle régurgite, ça ressort par sa seule petite narine qui marche. Ça arrive quand même de temps en temps mais comme Azélie a appris très petite à respirer par la bouche à cause de la sonde qu'on lui avait mise dans la mauvaise narine, elle s'en sort !

Cette nuit, je me suis bien reposée. Après un dernier biberon à 23 h 30, Azélie a dormi sur moi jusqu'à 7 heures du matin !

Nous savourons cette vie à la maison, faite des petites choses du quotidien et des jeux des enfants. Nous continuons à prier chaque jour pour notre bébé. Nous savons que ce petit chromosome 18, présent en plus dans chacune de ses cellules, peut lui jouer bien des tours. Et chaque matin, je m'émerveille de trouver mon petit bébé vivant. Nous vivons le moment présent, le cœur plein de reconnaissance envers tous les amis, connus ou inconnus, au Ciel et sur la terre, qui nous portent par leur amitié et leurs prières. Si Azélie est là, bien vivante avec nous aujourd'hui, c'est bien grâce à eux !

Le baptême

Le 20 novembre, une grande étape est franchie : Azélie pèse 1,800 kg avant le biberon ! Elle semble bien aller. Depuis que nous sommes à la maison, elle ouvre davantage ses yeux. Elle semble plus éveillée. Est-ce lié à ce changement, ou simplement à l'évolution de son développement ?

Depuis quelques jours, je travaille à la préparation d'un grand événement : Azélie, qui avait été ondoyée par son papa à la naissance, va recevoir les autres rites du baptême. Maintenant que nous sommes à la maison, qu'Azélie semble bien aller et prendre du poids, c'est le moment d'organiser une grande fête pour elle !

C'est à peine croyable : nous qui pensions préparer ses obsèques, voilà que nous allons célébrer son baptême ! Et la petite robe blanche que j'avais prévu de lui mettre *si elle ne vivait pas*, voilà qu'elle va la porter pour son baptême.

L'événement a lieu dans notre paroisse, au cours de la messe du dimanche 22 novembre, en la solennité du Christ Roi de l'univers. J'affectionne particulièrement cette fête, car elle me donne chaque année l'occasion de rechoisir Jésus vainqueur du mal, comme Roi de mon cœur et de ma vie. Ce sera aussi l'anniversaire de mon propre baptême, puisque j'ai moi-même été baptisée le 22 novembre 1970 !

Tout le monde a fait le voyage pour l'occasion : nos frères et belles-sœurs, dont le parrain et la marraine d'Azélie, les cousins et cousines et quelques amis. Les paroissiens sont là aussi.

La célébration est magnifique et joyeuse. Après la renonciation au mal et la profession de foi que nous faisons en son nom, Azélie reçoit l'Esprit Saint par l'onction d'une huile que l'on appelle le saint chrême. Son petit bonnet en est tout parfumé ! Puis elle reçoit le vêtement blanc des mains de sa marraine, signe de sa nouvelle naissance en Jésus-Christ, et son parrain lui présente une bougie allumée au cierge pascal pour signifier que le Christ la guidera durant sa vie.

Entre chaque geste effectué par le père Sébastien, nous chantons ce chant dont j'ai composé les paroles pour le baptême de mes enfants[1].

1. Plongée dans l'eau qui donne vie tu renais de l'Esprit
La foi est semée dans ton cœur : du mal, Jésus est vainqueur !
2. Jésus a mis sur toi sa main, il t'a créée pour le bien
Il est présent pour te guider, n'oublie pas de le prier !
3. Jésus lumière de nos cœurs veut pour toi le bonheur
Il est présent dans son amour maintenant et pour toujours !

1. Se chante sur l'air des couplets de *Tu es devenu enfant de Dieu*, musique : A. Gouzes, o.p., Sylvanès.

Alors que nous chantons encore, je prends Azélie dans mes mains, petite plume, et la soulève le plus haut que je peux face à l'assemblée. Oui, ce petit bébé malade, ce petit bébé handicapé, au corps déformé, est un petit enfant de Dieu. Oui, Azélie est aimée de Dieu ! Oui, sa vie a du prix ! Oui, elle peut porter du fruit !

À la maison on pousse un peu les murs de la salle à manger pour ce repas de retrouvailles familiales, pour ce repas de fête ! Après la tristesse que chacun des membres de la famille avait ressentie à l'annonce de la maladie d'Azélie, voici un grand moment de joie que nous pouvons vivre tous ensemble !

Le quotidien

Mardi, après cinq semaines passées chez nous pour s'occuper de Tire et Fleur-Marie, mes parents sont repartis. Ils méritent un grand bravo ! De mon côté, je vais devoir me débrouiller sans leur aide précieuse.

C'est mercredi et il neige. Azélie est bien au chaud tout contre moi. Comme chaque jour, j'accompagne Tite à pied à l'école avant de déposer Fleur-Marie et sa poussette chez Papi et Mamie qui habitent juste à côté de chez nous. Ils récupéreront Tite à l'école tout à l'heure pour le garder chez eux l'après-midi.

Après la visite quotidienne de l'infirmière et le bain d'Azélie dans le lavabo, Séverine, la kiné, vient lui faire des petits massages pour décontracter ses tendons. Azélie semble bien apprécier ces petites manipulations faites tout en douceur ! Séverine arrive même à ouvrir ses petits doigts crispés.

L'après-midi, j'emmène Azélie chez sa nouvelle pédiatre, pas très loin de chez nous. Il paraît qu'en plus de la pédiatre du CHU, de celle de la HAD, il faut qu'Azélie ait une pédiatre de ville. Nous devrions aller la voir tous les mois. Dans la salle d'attente, je ne suis pas très à l'aise. Est-ce une bonne idée d'emmener Azélie dans ce lieu où elle risque d'attraper un mauvais microbe ? Nous faisons connaissance avec le médecin. Azélie a pris un centimètre depuis sa naissance, elle mesure 43 cm. De plus, le médecin a une super balance qui annonce 1 930 g alors que ce matin, celle de la maison nous disait qu'Azélie pesait 1 860 g ! Lorsque j'aurai le temps, il faudra que je mette Azélie sur la balance des fromages pour savoir laquelle des deux autres est juste !

Elle me pose quelques questions qui me paraissent saugrenues : est-ce qu'on lui fait ses vaccins ? Qu'est-ce qu'on fait si elle attrape une bronchiolite ? Etc. Finalement, elle comprend qu'avec Azélie, on ne peut rien prévoir à l'avance. On avisera en temps voulu, en fonction de ses besoins et de ce qu'il semble utile de faire ou pas, compte tenu de sa petite vie pas comme les autres.

À notre retour, nous récupérons les grands chez Papi et Mamie Marthe, sous la pluie cette fois. Fred leur donne le bain. Après le dîner, Fred repart pour traire ses vaches pendant que je termine de coucher les enfants. Puis je m'installe pour donner son biberon à Azélie.

Mais ce soir, je trouve qu'Azélie fait de drôles de bruits en respirant. J'essaye d'aspirer doucement sa petite narine mais ça ne change pas grand-chose. Le petit bruit finit par s'arrêter. Je vais tirer mon lait avant d'aller me reposer un peu. Au bout d'un moment, Tite se réveille en pleurant. Il a mal à l'oreille. À son retour de la traite, vers 22 h 30, Fred l'emmène chez le médecin de garde. Quand ils rentrent vers minuit, je me suis endormie. Vers 2 heures, Azélie réclame son biberon… Et vers 5 h 30, c'est Fleur-Marie qui se réveille et qui vient se glisser dans notre lit.

Toutes les nuits ne sont pas comme celle-ci, mais je commence à avoir de grosses valises sous les yeux ! Heureusement, ce matin, Christine, la Tisf[1], doit venir m'aider un peu à la maison. Elle devrait venir tous les jeudis. Elle lit des histoires à Fleur-Marie, lui change sa couche et puis elle veille sur Azélie pendant que je vais chercher Tite à l'école pour le déjeuner…

1. Technicienne d'intervention sociale et familiale.

Un week-end mouvementé !

Cette respiration bruyante n'est pas normale. Je sens qu'Azélie n'est pas bien. Je l'emmène aux urgences pédiatriques pour comprendre ce qui se passe. Ils décident de la garder en surveillance pendant vingt-quatre heures. Respiration, saturation, pouls. Ça n'a pas l'air d'aller trop mal. Mais brrrr, qu'il fait froid dans ce service ! Comment peut-on laisser des enfants malades dans une telle atmosphère ? Même l'infirmière m'avoue secrètement avoir mis un tee-shirt sous sa blouse. Je laisse Azélie entre ses mains bienveillantes et rentre à la maison pour donner le bain et le dîner aux grands. À mon retour, vers 22 heures, on m'annonce qu'Azélie a profité de mon absence pour faire de longues pauses respiratoires avec des malaises. Elle ne va pas bien. Serait-ce déjà la fin ?

En effet, de temps à autre, Azélie oublie de respirer. Je savais que c'était possible, mais ce n'était pas encore arrivé ! Je lui fais alors plein de bisous et lui donne un peu d'oxygène pour la requinquer entre deux apnées. La pédiatre Valérie est là. Elle semble assez embarrassée et me dit, sans l'avoir auscultée, que c'est sans doute une bronchiolite. Je n'y connais rien en bronchiolite, mes aînés n'en ont jamais eu. Je ne sais quoi en penser. D'après le médecin, ça peut être très grave pour Azélie.

Je m'imagine alors que c'est la fin, qu'Azélie n'a plus que quelques heures à vivre. Peut-être même qu'elle va mourir tout de suite ! Je pleure. Je dis à Azélie que si elle le veut, elle peut partir. Je ne voudrais pas la retenir, je sais qu'elle sera tellement bien là-haut. Ce scope qui sonne tout le temps me devient insupportable. On l'arrête. Je ne sais que faire, je me sens désemparée. J'appelle Fred ainsi que notre très dévouée Geneviève de l'aumônerie.

Au bout d'un moment, Azélie réclame son biberon et se met à boire tranquillement ! Elle semble aller mieux. Fred et Geneviève arrivent. J'ai vraiment honte d'avoir dérangé Geneviève si tard, comme ça, pour rien… Nous prions tous les trois ensemble.

Les médecins reviennent. Ils me proposent de garder Azélie quelques jours en néonat pour qu'elle soit surveillée ou alors de rentrer à la maison avec un numéro de téléphone pour avoir un pédiatre à tout moment du jour et de la nuit. Nous décidons de rentrer avec elle à la maison. Il est 1 heure du matin…

Il y a un avant et un après. Depuis ce week-end mouvementé, Azélie passe par des hauts et des bas. Parfois elle est toute jolie, toute rose, toute paisible. Parfois très éveillée et affamée à en devenir rouge de colère ! Parfois son petit cerveau oublie de faire son travail pendant un moment plus ou moins long, jusqu'à ce qu'elle devienne bleue comme un Schtroumpf. Parfois elle semble gênée, encombrée et il faut aspirer tout ce qui veut bien sortir de son nez. Je n'aime pas la voir comme ça. Je vois bien que son état se dégrade.

J'ai de plus en plus de mal à lui faire boire ses petits biberons. Si le bouchon est trop serré, le lait ne coule pas et s'il est desserré, comme Azélie n'a pas beaucoup de force pour aspirer, ça fuit, et le biberon semble se vider dans le bavoir qui finit complètement trempé. Je n'arrive plus à savoir ce qu'Azélie boit réellement et cela m'inquiète.

Mais malgré ça, étonnamment, elle continue à prendre du poids. Elle a atteint aujourd'hui 1 930 g sur la balance de la maison !

Un matin, la pédiatre de la HAD vient ausculter Azélie et voir si j'ai besoin de quelque chose. J'aime beaucoup cette équipe de la HAD. Ils sont attentifs, à l'écoute et efficaces. Je me demande bien pourquoi je n'ai pas eu l'idée de les contacter le week-end dernier quand Azélie était si mal… En fin de compte, la pédiatre ne perçoit aucun bruit de bronchiolite dans ses poumons. C'était donc une fausse alerte. Tant mieux !

Elle a faim !

Mercredi soir, 2 décembre. Azélie pleure. C'est rare qu'elle pleure comme cela. Elle pousse des petits cris sans vraiment verser de larmes. Je ne comprends pas ce qui se passe. Cette fois, j'essaye d'appeler la HAD mais bizarrement, l'appel est transféré sur le 15. Je raccroche. Mon Dieu, que faire ? J'appelle du coup un pédiatre de garde du CHU qui me répond qu'Azélie a peut-être mal au ventre, comme tous les bébés. Je peux rappeler demain si ça ne va pas mieux. Me voilà bien avancée. Pendant la nuit, finalement, je me rends compte qu'en fait Azélie a dû perdre le réflexe de déglutition. C'est certainement à cause de son chromosome 18 en trop, qui lui faire perdre petit à petit ses réflexes. Azélie réclame à manger mais ne peut plus téter. Le lait reste dans sa bouche et finit par couler dans son bavoir. Mon bébé a faim et je ne peux pas le nourrir. La sonde va devenir indispensable.

Le lendemain, comme Azélie est suivie par plusieurs pédiatres, je ne sais pas vers qui me tourner en priorité. Comme la HAD n'a pas répondu cette nuit, j'appelle l'hôpital qui me renvoie vers la pédiatre de ville. J'obtiens un rendez-vous entre deux, à 13 heures. Pauvre petite Azélie qui a faim, qui doit attendre. Comme l'attente est longue.

Je me sens désemparée et seule. Fred a des problèmes à l'étable avec sa machine à traire qui ne fonctionne plus. De toute sa vie d'agriculteur, ça ne lui était jamais arrivé. J'appelle quelques copines pour m'accompagner au rendez-vous, parce que je veux garder mon bébé contre moi et que je ne peux pas conduire comme ça. Sylvie répond à mon appel.

J'explique au médecin ce qui arrive à Azélie et lui demande la sonde.

« Est-ce qu'on va jusque-là ? » demande-t-elle. Sous-entendu : dans *l'acharnement thérapeutique*...

« Mais elle a faim ! »

Azélie est de plus en plus faible. Depuis la veille au soir, elle n'a quasiment rien avalé et continue à réclamer. Le médecin accepte l'idée de la sonde mais, par manque d'habitude et n'ayant pas le matériel, elle se trouve dans l'impossibilité de la poser. Elle décide donc de contacter la HAD. C'est bon, elle a quelqu'un au bout de fil.

« Si vous n'avez pas de leurs nouvelles à 16 heures, rappelez-moi », me dit-elle.

En sortant du cabinet, nous profitons de la proximité d'un supermarché pour aller acheter un paquet de couches et une boîte de lait en poudre, au cas où, car tirer mon lait m'est de plus en plus difficile.

Azélie est très faible. Elle n'a même plus la force de réclamer à manger. Comment allons-nous attendre jusqu'à 16 heures ? C'est beaucoup trop long ! L'idée me vient d'appeler Anne-Lise, la super coordinatrice de la HAD. Elle me répond immédiatement : « Deux puéricultrices seront chez vous dans trente minutes avec le matériel ! » Tout va bien, le message de la pédiatre a bien été transmis. Comment n'ai-je pas eu l'idée de rappeler la HAD en priorité ce matin ? On aurait gagné un temps précieux !... Mais ce n'est pas le moment de culpabiliser. Les choses sont comme elles sont.

Nous voici à la maison. Mon Azélie est toute blanche et très faible. Je lui change sa couche. L'infirmière que j'ai prévenue pendant le trajet a la bonne idée de lui donner un petit peu d'oxygène. Jusqu'à présent, elle n'en avait pas tellement besoin.

Les puéricultrices de la HAD arrivent et la sonde est rapidement posée. Il est 15 heures. Après lui avoir donné un petit peu à manger, elles lui dégagent ses voies respiratoires avec l'aspirateur. Et là, Azélie nous fait une petite surprise ! Elle arrête de respirer pendant plusieurs secondes ! Azélie va partir ! Fred est appelé en urgence. C'est interminable. Et puis tout à coup, Azélie reprend sa respiration et retrouve des couleurs. Quel stress ! Et quel soulagement...

Pendant ce temps, Sylvie a appelé les autres amies de la « prière des mères » pour les prévenir qu'Azélie ne va pas bien. Olivia et Jacqueline arrivent avec des provisions et préparent un bon repas. Fred non plus n'a pas eu le temps de déjeuner ce midi à cause de la panne de sa machine à traire. Le réparateur ayant fait son travail, il n'a pu commencer la traite qu'à midi. Ça ne lui était jamais arrivé, il a fallu que ça tombe ce jour-là !

Maintenant, Azélie a besoin de l'oxygène tout le temps. Ça semble beaucoup l'aider. Mais comme la forme de son nez ne permet pas de fixer des petites lunettes, il faut tenir le petit tuyau au coin de sa bouche tout le temps. Ça lui dessèche les lèvres, mais il n'y a pas le choix puisqu'à présent elle semble ne plus respirer que par sa petite bouche toujours ouverte.

C'est la fin de l'après-midi. Azélie est dans les bras de son papa quand, tout à coup, la bouteille d'oxygène se termine. Or le monsieur qui doit livrer la nouvelle bouteille vient juste de téléphoner pour dire qu'il est coincé dans un embouteillage.

Privée d'oxygène, Azélie se met alors à râler un peu et commence une autre pause respiratoire tellement longue que nous nous imaginons tous qu'elle est en train de partir. Avec mes amies, nous nous mettons à prier en chantant des *Je vous salue Marie* très faux et pleins d'eau. Nous embrassons notre bébé, lui disons au revoir, les yeux pleins de larmes. Pauvre livreur qui n'est pas arrivé à temps avec la bouteille d'oxygène. Comme il risque de culpabiliser si Azélie part avant son arrivée ! Mais tout d'un coup, après un incroyable sursaut, Azélie reprend sa respiration !

Olivia, Sylvie et Jacqueline vont rester jusque très tard le soir, jusqu'à ce que Fred rentre de l'étable. Elles préparent le dîner et s'occupent de Tite et de Fleur-Marie pendant que je donne à boire à Azélie avec la sonde.

J'appelle mes parents pour leur donner des nouvelles. Illico, alors qu'ils ne sont rentrés chez eux que depuis dix jours, ils refont leurs bagages pour revenir nous aider.

Le dernier jour

Quelle nuit ! Allons-nous pouvoir dormir un peu ? Azélie était très encombrée et elle semble tellement lutter pour respirer. Il faut lui tenir l'oxygène sans arrêt. Je finis par appeler le 15 pour avoir un conseil. Je sais bien qu'il est inutile qu'Azélie soit hospitalisée, qu'avec sa trisomie 18, elle n'aura pas d'assistance respiratoire. Le médecin du 15 me rassure, me dit qu'Azélie ne souffre pas. Finalement, comme nous ne pouvons pas tenir l'oxygène à sa bouche toute la nuit, nous décidons de la déposer dans son petit berceau pour essayer de nous reposer un peu. Fred doit quand même se relever pour rendormir Fleur-Marie qui s'est réveillée.

Et ce matin nous sommes tellement fatigués que ni l'un ni l'autre n'a entendu le réveil... Je dois courir à l'école avec Tite.

Je me sens épuisée, au bout du rouleau. Je n'en peux plus. Hier, j'ai dit deux fois au revoir à mon bébé. Deux fois, elle est revenue. Ces moments très forts en émotions m'ont éprouvée psychologiquement. J'appréhende. Que va-t-il se passer aujourd'hui ? Je me sens pauvre et faible.

En chemin, je rencontre une voisine qui vient de déposer ses enfants à l'école. Elle accepte de m'accompagner à la maison. Je ne me sens pas de rester seule en attendant l'arrivée de mes parents.

Une voiture arrive, se gare devant la maison. Surprise, mes amies sont revenues ! Leur présence me fait un bien fou ! Elles s'activent : elles accompagnent Fleur-Marie à la garderie, préparent le déjeuner, câlinent Azélie pendant que je tire mon lait, m'aident à lui donner à manger par la sonde… Mais surtout, elles m'apportent leur joie !

Après avoir roulé toute la matinée, mes parents finissent par arriver et, tels des anges qui ont accompli leur mission, Jacqueline, Olivia et Sylvie s'éclipsent discrètement, laissant sur la table un bon repas.

Cet après-midi, je profite de ce qu'Azélie soit bien au chaud avec l'oxygène contre son Poupa pour faire une bonne sieste. Puis Fred et moi expliquons à Tite et Fleur-Marie que leur petite sœur ne va pas bien. Qu'elle va peut-être bientôt mourir.

Pourtant, c'est incroyable, malgré tout ça, elle a encore pris du poids ! Ce matin, elle pesait 2,030 kg, alors qu'hier matin elle était à 1,970 kg. Mon lait n'est pas très abondant, mais il doit être drôlement concentré ! Et avec la sonde, Azélie n'en perd pas une goutte !

Il fait nuit, les journées sont courtes en ce début du mois de décembre. Mamie s'affaire à la cuisine avec Tite. Fleur-Marie est déjà couchée et Fred est encore à l'étable. À son retour, nous pourrons dîner. Poupa est dans le fauteuil du salon et moi, assise sur le canapé. Azélie est paisible dans le porte-bébé, tout contre moi pendant que je tape sur l'ordinateur le récit de ces deux dernières journées. Histoire de ne pas oublier…

Au bout d'un moment, je remarque qu'Azélie respire très lentement… Ses joues sont pâles et toutes fraîches. J'embrasse sa petite tête.

J'ai l'impression que l'oxygène ne sert plus à rien… Je ferme la bouteille.

Son souffle ténu s'affaiblit encore. Je caresse sa petite joue…

Elle est partie…

Troisième partie

MOURIR

« La mort n'est pas la fin de tout. »

Je vous dis cela pour ***que ma joie soit en vous,***
et que votre joie soit parfaite.

Jn 15, 11

Le moment qui devait arriver est arrivé

Notre petite Azélie est partie, tout paisiblement. Il était 20 h 40 en ce vendredi 4 décembre. Elle avait 1 mois et 1 jour. Moi qui appréhendais ce moment, il s'est passé tout doucement.

Fred est arrivé. Nous sommes là, nous contemplons dans nos mains notre petite Azélie toute pâle qui n'a plus besoin de porte-bébé ou de couverture pour se réchauffer. Des larmes silencieuses coulent sur nos joues. Tite est avec nous, Poupa et Mamie aussi. Marthe et André, les parents de Fred, nous rejoignent. Azélie passe de bras en bras pour un dernier câlin.

Après ce moment familial, nous appelons l'infirmière qui appelle à son tour un médecin pour constater le décès. Puis, après lui avoir fait une petite toilette, je lui enfile la petite robe de son baptême, la petite robe blanche trop grande pour elle que j'avais portée lorsque j'étais bébé et que j'avais prévue pour ce moment.

Nous avons descendu dans le salon le petit berceau familial, le petit berceau de bois qui a servi pour tant de bébés depuis plusieurs générations mais dans lequel Azélie n'a jamais dormi car il était bien trop spacieux pour elle. Recouvert d'un grand drap blanc, une couverture blanche toute douce au fond, voilà un bel endroit pour déposer le petit corps d'Azélie. Un petit coussin sous sa tête, son doudou, l'icône de son ange gardien, l'image du professeur Lejeune. Au-dessus d'elle, sur l'étagère, je pose une statue de la Vierge Marie, notre Mère du Ciel, un tableau du Sacré Cœur de Jésus, la bougie et la petite écharpe blanche de son baptême.

Petite Azélie est prête pour la nuit.

Petite princesse Azélie

Pendant la petite vie d'Azélie, nous avons reçu de nombreux paquets et colis. Des petits vêtements, des doudous, une médaille et autres attentions qui nous ont beaucoup touchés.

Jeudi dernier, un nouveau paquet est arrivé. Azélie n'allait pas bien et je n'ai pas eu le temps de l'ouvrir.

Aujourd'hui, nous sommes samedi, Azélie est partie. Cette nuit, j'ai dormi. Plus besoin de tirer mon lait, plus besoin de tenir l'oxygène au coin de la petite bouche. Plus besoin de tenir au chaud ce petit être fragile.

Je me demande ce que peut bien contenir ce paquet adressé à « Petite princesse Azélie » et dont elle ne pourra pas profiter.

Quelle surprise ! Il s'agit des photos prises à la maternité par la photographe. Je lui avais dit à quel point ces portraits auraient de l'importance pour nous. Elle était revenue pour me dire que les photos et les albums nous seraient offerts.

Inutile de vous dire mon émotion et ma joie en ouvrant le paquet. Ces photos ont rapidement trouvé une place de choix, encadrées, sur les murs de notre maison.

Entre la terre et le Ciel

Comme tu es belle, petite Azélie, dans ta jolie robe de baptême. La porteras-tu encore à la fin des temps lorsque nos tombeaux s'ouvriront et que nous nous retrouverons tous dans nos corps glorieux pour le banquet du Royaume ? Quel grand mystère qui nous dépasse… mais quelle espérance !

En attendant, nous allons pouvoir profiter pleinement de ta présence à la maison, prier auprès de toi – comme ça se faisait autrefois – et avoir le temps de te préparer un bel enciellement ! Car l'entreprise chargée de refaire le caveau familial effondré n'a pas encore commencé son travail. Ils en ont pour la semaine !

C'est dimanche. Cet après-midi, nous avons ouvert la porte de notre maison à tous ceux qui souhaitent prier auprès de toi. Nous sommes une bonne douzaine, dont les amies qui t'ont si bien entourée pendant tes dernières heures, tes grands-parents, Tite et Fleur-Marie, des amis, des voisins. Et nous sommes là, debout autour de toi, à chanter et à prier. C'est doux pour nous aussi de nous sentir entourés.

Ce n'est pas triste. Je me sens juste émue de savoir ta petite âme lumineuse en présence de Dieu, de t'imaginer déjà au Ciel, face à face avec ton Créateur et Sauveur ! Tu écoutes nos chants de là-haut. Ton petit corps sans vie qui est là devant nous fait un pont entre la terre et le Ciel. C'est fou !

Quelle grâce de t'avoir ainsi auprès de nous pendant toute la semaine. Ta présence nous permet de commencer notre deuil. Après avoir vécu la réalité de ta maladie, de tes limites, de ta fragilité, voici que nous vivons la réalité de ta mort. Ton tout petit corps inerte, refroidi, sans aucune vie, qui repose dans ce petit lit, en est le témoin.

Fleur-Marie, du haut de ses 19 mois, continue de faire comme lorsque tu étais vivante. « Voi Azéï », demande-t-elle de temps en temps. Je la prends dans mes bras et l'emmène te voir. Elle se rend bien compte que tu n'es plus le petit bébé d'avant, le bébé qui faisait des petits bruits, qui bougeait ses bras et se tournait à droite et à gauche.

Mercredi, nous déposons ton petit corps dans le cercueil blanc que le monsieur très attentionné de l'Office catholique des pompes funèbres vient de nous apporter. C'est le moment de dire au revoir à ton petit visage. Fleur-Marie caresse ton front un peu maladroitement, comme si tu étais une poupée. Les enfants sont des enfants. Ils vivent les événements. Ils les captent. J'aimerais me souvenir de leurs délicieux petits bavardages de ces moments-là. Puis nous posons le couvercle sur le cercueil. Vendredi, lorsque le moment de le sceller sera venu, je demanderai s'il est possible de te faire un dernier baiser. Adieu, adieu, adieu mon bébé…

Ton enciellement approche. Les fleurs qui arrivent par brassées entourent ton petit cercueil blanc qui trône dans le salon. Nous avons posé dessus le joli portrait où tu souris aux anges…

Enciellement !

Vendredi 11 décembre. Nous sommes sur le parvis de la petite église de notre village qui se remplit de visages familiers. Ça fait plaisir de voir ceux qu'on aime, surtout quand on ne s'est pas vus depuis longtemps. Certains sont venus de loin. Nous sommes touchés. Il y a la famille, des amis, mais aussi des voisins, des personnes avec qui l'on travaille. Merci d'être là !

C'est toujours délicat d'arriver à un enterrement, on ne sait pas trop quelle attitude avoir. Montrer sa tristesse ou montrer la joie de se revoir ? Un peu les deux à la fois.

Fred est là, au milieu de cette foule pleine d'affection. Il porte dans ses bras le cercueil d'Azélie. Il sourit aux nouveaux arrivants qui entrent dans l'église.

Tite porte fièrement le portrait de sa petite sœur. Mon petit bonhomme de 3 ans et demi s'avance au milieu de l'allée centrale, suivi de son papa chargé du petit cercueil blanc.

« Les saints et les saintes de Dieu s'avancent vers le Roi des Cieux. Par leurs hymnes de joie, ils célèbrent sans fin celui qui donne vie ! » chante la chorale.

Je l'aime trop, ce chant ! Il est tellement plein d'espérance ! Notre petite Azélie est désormais cette sainte qui s'avance vers le trône de Dieu. Une petite sainte qui a vécu héroïquement sa courte vie, sans se plaindre. Comme tous ces petits partis trop vite. Leur âme n'a pas été souillée, elle a gardé toute sa pureté. Ils goûtent la plénitude de l'amour. Ils sont dans une joie qui ne finit pas.

L'émotion m'étreint en voyant mon petit bout de chou poser le portrait d'Azélie sur le cercueil, au milieu de toutes ces fleurs blanches.

Continue à sourire aux anges, jolie petite Azélie ! Quel bel accueil ils t'ont fait ! Tu es bienheureuse ! Comme ce sera beau de te retrouver, un jour, là-haut, avec toute cette foule de saints et ces tout-petits… Ils sont des milliers… Comme ils sont beaux ! En attendant, tu veilles sur nous… Conduis-nous sur le chemin du paradis !

J'aimerais joindre ma voix à celle des choristes mais je ne le puis. Ma voix est cassée, je ne peux plus chanter. Trop de fatigue accumulée…

« Au jour de son baptême, Azélie est devenue enfant de Dieu… Nous n'avons pas à prier pour Azélie, c'est elle qui prie pour nous car elle est dans le cœur de Dieu… », dit le prêtre en lisant le rituel.

Mon frère Brice, parrain d'Azélie, allume à nouveau la bougie du baptême de sa filleule qu'il dépose sur son cercueil pendant que le célébrant prononce cette prière : « La mort de la petite Azélie nous rappelle notre condition d'hommes et la brièveté de notre vie ; mais pour ceux qui croient en ton amour, la mort n'est pas la fin de tout : il y a l'espérance des fils de Dieu et, pour nous, brille la lumière de la résurrection du Christ, vainqueur de la mort. »

Oui, le Christ a vaincu la mort. Elle est devenue la porte de la vie éternelle…

Puis c'est au tour de sa marraine de lui remettre à nouveau le vêtement blanc. « Seigneur, regarde avec miséricorde celle dont tu as fait ton enfant et à qui nous redonnons le vêtement de son baptême. Nous avons la ferme espérance que tu l'accueilles auprès de toi, là où il n'y a plus ni larmes, ni douleurs, mais la paix et la joie. »

Le chant du psaume 138 s'élève jusqu'à la voûte, tellement magnifique ! Ses paroles me font vibrer. Il dit tellement l'amour de Dieu pour chacun d'entre nous ! Il dit tellement que petite Azélie était connue et aimée de Dieu dès le sein de sa mère !

La célébration se poursuit. Mon amie Olivia a tout prévu pour occuper Tite et Fleur-Marie qui commencent à s'agiter un peu.

Avant la bénédiction du petit cercueil, c'est à nous de parler. Ce sera bref :

Azélie, tu es arrivée par surprise dans notre vie. Nous rendons grâce à Dieu pour toi, pour ce que tu as été, ce que tu es et seras toujours. Nous croyons que ta vie est un don de Dieu et que ta courte existence à nos côtés a porté beaucoup de fruits. Ta petite vie nous a entraînés dans une grande et belle aventure. Elle s'achève aujourd'hui pour nous, tes parents, mais nous croyons que ta mission à toi continue. Maintenant que tu es tout près de Jésus, nous te prions d'intercéder pour nous.

Le chant final accompagne ceux qui s'avancent pour bénir le corps d'Azélie.

Plus près de toi, mon Dieu,
J'aimerais reposer : c'est toi qui m'as créé,
Et tu m'as fait pour toi ;
Mon cœur est sans repos
Tant qu'il ne demeure en toi !
Quand prendra fin ma vie, daigne me recevoir
En ton cœur, ô Jésus, dans la maison du Père.
Donne-moi de te voir et de te contempler,
De vivre en ton amour durant l'éternité.

Et dans nos cœurs grandit le désir du Ciel…

Tout est accompli

Nous sommes dans une paix profonde. Nous avons le sentiment d'avoir accompli la mission qui nous était confiée. Tu as vécu ta petite vie, pleine et entière. Nous avons été tellement heureux avec toi, petite Azélie !

Bien sûr, il y a la douleur de la séparation, de ne plus sentir ton odeur, la douceur de tes cheveux, ton petit poids plume sur notre cœur. Mais nous ne nous sentons pas tristes. Ce que nous vivons aujourd'hui, nous nous y sommes préparés depuis longtemps. Nous ne savions pas quand ce serait, mais nous savions que ça arriverait. Le chemin s'était fait en nous, petit à petit.

Après le choc de l'annonce de ta trisomie 18, après ce séjour à Paray-le-Monial qui fut si important pour moi, après avoir renoncé à demander ta guérison, nous savions que ta petite vie serait très courte. Petit à petit, nous avons accepté cette idée. Certains amis nous disaient pour nous rassurer : « Mais non, les médecins se sont trompés, votre bébé sera en pleine santé ! » Mais nous, nous savions bien que non. Et notre chemin était de dire OUI !

OUI Jésus, dans un torrent de larmes bienfaisantes, je t'avais donné le bébé que je portais. OUI, cette petite vie que nous n'avions pas choisie, nous l'avions remise entre tes mains. Nous n'avions pas besoin de nous inquiéter pour demain. Toi, tu savais tout, c'est toi qui nous as conduits. Tu ne nous as pas abandonnés. Tu nous as donné toutes les grâces dont nous avons eu besoin à chaque instant. Cette petite vie ne nous appartenait pas. Ce petit bébé était à toi : tu nous l'avais confié. Je te l'avais donné. Moi, sa maman, je n'avais plus qu'à faire de mon mieux pour l'accompagner, pour l'aimer, pour vivre le moment présent. Maintenant, il est auprès de toi, je le crois de toute mon âme !

Fred, avec son pragmatisme masculin et son esprit scientifique, a vécu tous ces événements à mes côtés, comme un roc inébranlable, avec toute la profondeur de sa foi, à l'image de Job : « *Le Seigneur a donné, le Seigneur a repris : Que le nom du Seigneur soit béni !* » (Jb 1, 21).

« Non, je ne meurs pas, chante la petite Thérèse de Lisieux, j'entre dans la vie. Mon Dieu, vous avez dépassé mon attente ! »

Oui, Azélie est entrée dans la vie, et pour nous, le Seigneur a dépassé nos attentes. Nous n'aurions jamais pensé vivre une telle « aventure » dans une telle paix. Il nous a comblés de ses grâces. Il nous a aussi comblés de joie. Une joie qui ne nous appartenait pas, une joie mystérieuse et profonde qui ne venait pas de nous.

Dieu est fidèle à ses promesses…

Le temps du deuil

Azélie n'est plus là. Nous revoici comme avant, tous les quatre. Je me demande si je n'ai pas vécu un rêve. Non, le tire-lait, le berceau sont bien là. La petite vie d'Azélie a bien eu lieu. Il y a aussi les cadeaux que nous avons reçus de toute part, les photos, les milliers de messages sur la page internet, les lettres. Tous ces mots de soutien me font du bien. Je passe des heures à les lire. Oui, Azélie a vécu. C'est fou, tous ces cœurs qui se sont attachés à elle ! Comment les remercier ? Petite Azélie, s'il te plaît, maintenant que tu es près de Jésus, prie pour tous ces gens ! Certains ont perdu un enfant... Que ta petite vie continue à porter beaucoup de fruits !

Je suis en congé maternité mais je n'ai plus de bébé. C'est comme une parenthèse dans ma vie qui s'est refermée. Le travail me rattrape. Une semaine après l'enciellement d'Azélie, c'est le marché de Noël. Nous sommes inscrits. Il faut tout préparer. J'ai le temps de m'en occuper aux côtés de Pauline, notre salariée, et de notre apprentie Coralie. Ça m'occupe la tête. Le week-end suivant, je suis sur mon stand tout décoré pour vendre mes fromages. Je suis encore tout habitée par ce qui vient de nous arriver. Nous avons vécu quelque chose de grand, de beau, d'incroyable. Nous avons vécu une aventure magnifique, qui nous dépasse. Nous nous sommes tellement sentis proches du Ciel. Et je vois tous ces clients qui passent, qui goûtent, qui achètent. Ils ne savent pas. Chacun porte son mystère. Je souris. Je sens le vide laissé par le départ d'Azélie et, en même temps, une force qui me remplit, une force de vie !

Je suis en congé maternité mais je n'ai plus de bébé. J'ai le temps de me reposer, de m'occuper de Tite et de Fleur-Marie, de la maison, de reprendre doucement quelques engagements.

Cette éprouvante et belle aventure a laissé quelques traces. J'ai pris des cheveux blancs et j'ai mal à la mâchoire : j'ai tellement serré les dents pendant tout ce temps, sans m'en apercevoir, jusqu'à avoir des maux de tête. Je vais pouvoir relâcher la pression. Et j'espère bientôt retrouver ma voix.

Je suis en congé maternité mais je n'ai plus de bébé. J'ai le temps d'aller au groupe de prière qui se réunit chaque semaine à Grenoble. C'est la louange, mon cœur est transporté. Je ne peux pas chanter, ma voix est cassée. Puis vient le moment de l'adoration. Le Saint Sacrement est exposé sur l'autel dans un bel ostensoir entouré de petits lumignons rouges. L'émotion monte dans mon cœur. Je vois Jésus, devant moi, tout petit dans l'hostie. Je me dis : « Azélie est tout près de lui ! » Quand je contemple le Saint Sacrement, cette hostie consacrée par le prêtre, je reconnais que c'est Dieu, que c'est le Créateur qui est là devant moi. Je le vois et il me voit. C'est grand ! Il se fait si petit ! Lui qui a créé le monde, il est là devant moi sous la forme d'un petit bout de pain. « Il est là, il est là, il est là », disait le saint Curé d'Ars. C'est lui ! Il me voit, il me connaît, il sait tout de moi et il m'aime. J'aime me tenir à genoux, les bras le long du corps, disponible à son action au-dedans de moi. J'ai l'air fort comme ça, mais en réalité, je suis tellement faible, j'ai tellement de défauts, de péchés, que j'ai besoin de son pardon et de sa grâce. Il rayonne comme un soleil et je m'expose à sa lumière, laissant son amour entrer jusqu'au plus profond de mon cœur. Ça ne se voit pas, mais il agit.

Et ce jour-là, je vois, je comprends avec une immense émotion qu'Azélie est près de lui. Je ne peux pas la voir, je ne peux plus la serrer dans mes bras, mais je sais qu'elle est là. L'émotion me submerge. Les larmes coulent. Je ne peux plus les arrêter. À la fin de la prière, des amies s'approchent. J'ai un peu honte de tous ces sanglots. Et en même temps, ça fait tellement de bien…

Je suis en congé maternité mais je n'ai plus de bébé. Au mois de mars, Fred prend son congé paternité. Onze jours ! La dernière fois qu'il a pris des vacances (à part les cinq jours à Paray au mois d'août), c'était pour la naissance de Fleur-Marie. Vive les congés paternité ! Nous partons en Espagne chez des amis, près de Valence, pour manger des oranges. Elles sont tellement bonnes, les oranges de Valence ! J'y ai goûté autrefois. Et l'odeur des fleurs !

Comme la route est longue, nous sommes heureux de faire plusieurs étapes chez les uns ou chez les autres. Prendre le temps de la rencontre pendant une soirée.

C'est beau, l'amitié. L'amitié qui résiste à l'épreuve du temps. On a plein de choses à se dire ! Un petit coucou à la Vierge de Montserrat… Les plages désertes nous offrent de grands espaces. On essaye le cerf-volant. On visite le magnifique aquarium. Les enfants sont ravis. Il ne fait pas vraiment chaud, mais ça fait du bien, ce dépaysement, de se retrouver tous les quatre, un peu déracinés, loin de chez nous, loin de ces événements.

Mots d'enfants

Azélie vient de nous quitter. Son petit corps a été enseveli. Fleur-Marie qui commence à parler continue à nous demander : « Où Azéï ? (Traduction : Mais où est Azélie ?)

– Ma chérie, Azélie est au Ciel avec Jésus. »

***

« Azélie, elle est dans le noir ! » affirme un soir notre petit Tite du haut de ses 3 ans et demi.

C'est vrai, petit bonhomme, le corps d'Azélie est dans le noir. Tu étais là lorsqu'on a déposé son cercueil dans le caveau. Tu as tout vu. D'ailleurs, tu y as lancé quelques pétales de roses. « Oui, c'est vrai mon chéri, le corps d'Azélie est dans le noir, dans le caveau. Mais au moment de sa mort, son âme a quitté son corps pour monter au Ciel, dans la lumière de Jésus ! »

***

« Mais maman, pourquoi est-elle morte Azélie ?

– Elle est morte parce qu'elle a fini sa vie. Tu sais, il y a des gens qui ont une vie très longue, comme Papi et Mamie, et d'autres qui ont une vie très courte, comme petite Azélie. Chacun a sa vie. Azélie a eu une vie très courte, mais elle l'a vécue pleinement, en entier, jusqu'à la fin. C'était SA petite vie. »

***

« Et moi, elle sera comment, ma vie ?

– Je ne sais pas, mon chéri. On verra bien. Le plus important, c'est que tu vives maintenant TA belle vie sur la terre et que tu saches que lorsqu'elle sera terminée, il y a une autre vie encore plus belle qui t'attend. Et qu'on s'y retrouvera tous ! Mais d'abord, tu as plein de belles choses à vivre ici ! »

***

Fleur-Marie, à 2 ans et demi, joue à téléphoner :

« Allô Marie ? Petite Azélie, elle est pas là ! Elle est au Ciel avec Jésus. Allez, au revoir ! »

***

Visite au cimetière, sur la tombe d'Azélie. Tite, vers 4 ans, lui parle :

« Merci petite Azélie, nous t'aimons pour toute la vie, tu es dans notre cœur, tu es tout près de Jésus et tu ressusciteras comme lui et nous t'aimons pour toute la vie !

Merci petite Azélie, on est dans ton cœur et on t'aime pour toute la vie ! »

***

« Maman, c'est quoi notre âme ? demande Tite quelques années plus tard.

– Notre âme, c'est ce que Dieu a mis en nous, et qui ne mourra jamais. À notre mort, quand nous aurons fini notre vie, notre âme quittera notre corps et ira au Ciel avec Jésus et nous y retrouverons Azélie ! »

***

« Mais maman, si Azélie est au Ciel, elle est devenue un ange ? demande Fleur-Marie, vers 5 ans.

– Non ma chérie, Azélie n'est pas devenue un ange car les anges sont des créatures de Dieu qui n'ont pas de corps. On les représente avec des ailes car ils évoluent entre Dieu et nous, mais en réalité on ne peut pas les voir. Azélie avait un corps, je l'ai portée dans mon ventre. À présent, elle n'est pas devenue un ange, mais une petite sainte dans le Ciel auprès de Dieu. »

***

« Mais maman, quand est-ce qu'on va mourir ? Parce que moi, je suis pressée de la revoir, ma petite sœur ! » s'exclame un soir Fleur-Marie.

On pourrait s'inquiéter ou s'offusquer d'une telle question. Mais je ne crois pas que ce soit un problème. Pour nous chrétiens, la mort n'est pas la fin de tout, elle est un passage par lequel nous allons tous passer. Par sa mort et sa résurrection, le Christ a vaincu la mort. Elle est devenue la porte de la vraie vie en Dieu. Y aspirer, s'y préparer est finalement naturel. C'est le but ultime de notre vie. Fleur-Marie l'a bien compris ! Et c'est vrai que notre petite Azélie a fait grandir en chacun de nos cœurs le désir du Ciel !

***

« Maman, est-ce qu'elle aura encore sa trisomie quand on la reverra, Azélie ?

– Quand nous reverrons Azélie au Ciel, ce sont nos âmes qui se retrouveront et les âmes n'ont pas de trisomie ! Mais tout à la fin, quand Jésus reviendra dans sa gloire pour juger les vivants et les morts, nous ressusciterons tous ! Le mal sera vaincu. Nous n'aurons plus de maladie. Nous aurons des corps glorieux comme Jésus quand il est ressuscité. Et nous nous retrouverons pour vivre dans un grand bonheur qui ne finira pas. »

***

En famille, le soir, au coucher des enfants, ou lorsque nous allons au cimetière, nous aimons nous confier à la prière de notre petite Azélie. Nous chantons alors un petit air que nous avons inventé :

Maintenant que tu es près de Jésus, prie pour nous, petite Azélie.

Maintenant que tu es près de Jésus, prie pour nous, petite Azélie.

Bonus !

Est-ce qu'Azélie me manque ? Je ne sais pas. En fait, nous étions tellement prêts à la laisser partir ! C'était écrit dans ses chromosomes. Nous ne nous sommes jamais vraiment projetés. Nous n'avons pas eu le temps de faire de grands projets pour elle. Nous savions que sa petite vie n'allait pas durer. Nous y étions préparés.

Et puis, à Paray-le-Monial, j'avais donné mon bébé à Jésus. J'avais beaucoup pleuré à ce moment-là. J'avais reçu une grâce de lâcher-prise, d'abandon. Je pense que c'est là que mon deuil a commencé. Notre bébé allait mourir, il nous fallait l'accompagner. Vivre le moment présent.

Comme Azélie pouvait mourir à tout moment, chaque instant de vie nous paraissait tellement incroyable. Chaque semaine de grossesse passée me semblait merveilleuse et quand Azélie est née, nous étions tellement heureux ! C'était tellement incroyable qu'elle soit vivante que tout était du bonheur. Tout était du bonus !

Petite Azélie n'est pas morte *in utero*, c'est du bonus ! Petite Azélie n'a pas de malformation létale, c'est du bonus ! Azélie boit toute seule son biberon, c'est du bonus ! Deux semaines de vie à la maternité, visités par des gens qu'on aime et entourés par un personnel tellement attentif, c'est du bonus ! On rentre à la maison, du bonus ! On pensait préparer son enterrement et on a préparé son baptême, du bonus ! En fait, tout ce que nous avons vécu avec petite Azélie, tous ces moments de bonheur que nous avons vécus, chaque journée, c'était du bonus !

Les dix derniers jours, Azélie allait de plus en plus mal. C'était douloureux pour moi de la voir comme ça. Sa trisomie faisait son œuvre dans son corps. C'était inéluctable. Je faisais tout mon possible pour essayer de comprendre ses besoins afin de les soulager. Et ce n'était pas toujours possible. Je crois que c'est ce qui a été le plus difficile. Voir Azélie inconfortable, avoir des difficultés à la nourrir, la voir encombrée…

Puis Azélie est partie. Tout était accompli. C'était sa petite vie. Elle l'a vécue pleine et entière. Et nous sommes heureux de lui avoir donné la vie ! Nous parlons d'elle, souvent. Nous nous confions à sa prière, lui demandons des petites choses. Elle fait partie de notre famille. Chaque année, nous lui fêtons joyeusement son anniversaire. Tite et Fleur-Marie soufflent les bougies. Mais notre plus grande espérance, c'est de la retrouver là-haut et d'être un jour à nouveau réunis tous les cinq dans nos corps de ressuscités !

C'est vrai qu'elle manque à la fratrie mais sa place n'était pas avec nous. Sa place est bien là où elle est maintenant. Donc tout est dans l'ordre. Les enfants ont eu la joie de connaître leur petite sœur. Ils ont pu la porter, la toucher. Maintenant ils la voient en photo, ils en parlent. Elle a été aimée et respectée telle qu'elle était et ils savent inconsciemment que s'il leur arrivait quelque chose, ils seraient aimés et respectés de la même façon. Ils savent aussi que la vie ici-bàs a une fin, qu'elle est précieuse et fragile, que la vie a du prix. Et que le but de la vie, c'est le Ciel.

J'ai gardé une boîte avec des affaires d'Azélie. Le bracelet de la maternité, une mini-couche, quelques doudous et vêtements, le petit bonnet qu'elle portait le jour de son baptême et qui a gardé l'odeur du saint chrême… Après la mort d'Azélie, j'avais coupé une petite mèche de ses cheveux. Mais dans l'action, je l'avais laissée, je pense, sur la table à langer, dans un petit mouchoir en papier. Quand j'ai voulu la récupérer, elle avait disparu. Voilà le fruit de la négligence… Je ne garderai donc rien du petit corps d'Azélie. Rien. Je pense que ça me manque. Je crois que j'aurais aimé les toucher, les sentir. J'ai également égaré les résultats de son caryotype, le document où l'on voit tous ses petits chromosomes. La vie est faite de renoncements, d'acceptations. Cependant, je porte toujours sur moi la petite chaîne et la médaille qu'elle avait reçues pour son baptême.

Un autre enfant ? Nous y avons pensé. Mais j'avais 45 ans quand Azélie est née. Nous nous sommes dit que ce n'était pas raisonnable, que notre famille était complète ainsi. Parfois, je sens bien qu'un troisième enfant aurait été bienvenu dans la fratrie. À deux, ils sont toujours l'un sur l'autre, à se chamailler ! Trois, c'est plus équilibré… Il y en a toujours un qui peut avoir son espace de solitude pendant que les deux autres jouent ensemble ou se chamaillent. Fleur-Marie aurait bien aimé avoir une autre petite sœur, elle nous le dit encore parfois. Mais notre famille est ainsi, et c'est déjà un miracle ! Deux sur la terre et une au Ciel !

Quatrième partie

FRUITS

« Merci, petite princesse ! »

C'est la gloire de mon Père,
que vous portiez beaucoup de fruit
et que vous soyez pour moi des disciples.

Jn 15, 8

« Seigneur, que sa petite vie porte beaucoup de fruits ! »

Telle était la prière qui me donnait une paix profonde. Que cette petite vie soit utile, qu'elle soit féconde ! Nous avons tous le désir et le besoin que nos vies soient utiles, que ce que nous vivons, que ce que nous souffrons serve à quelque chose, même si c'est tout petit. J'étais sûre que Dieu entendait cette prière. Jésus nous dit dans l'évangile de saint Jean :

> *Moi je suis la vigne, et vous, les sarments. Celui qui demeure en moi et en qui je demeure, celui-là porte beaucoup de fruit, car, en dehors de moi, vous ne pouvez rien faire* (Jn 15, 5).
> *Ce n'est pas vous qui m'avez choisi, c'est moi qui vous ai choisis et établis, afin que vous alliez, que vous portiez du fruit, et que votre fruit demeure* (Jn 15, 16).
> *Je vous ai dit cela pour que ma joie soit en vous, et que votre joie soit parfaite* (Jn 15, 11).

Ce magnifique chapitre 15 de l'évangile me poursuit depuis de nombreuses années, dans les méandres de ma vie. C'est une Parole qui m'accompagne, qui m'encourage, qui me donne l'espérance. Car mon souhait le plus profond est que ma vie porte du fruit, que malgré mes échecs et mes faiblesses, mon passage sur la terre serve à quelque chose…

Mais suis-je capable, par moi-même, de faire porter du fruit à ma vie ? Je peux mettre toute mon énergie à faire fructifier mes talents dans mon travail, mes engagements. Je peux accomplir des œuvres bonnes, aider les autres dans la limite de mes compétences, de mes capacités, de mes moyens et de mon temps. Je peux essayer d'aimer, d'accompagner, de soulager malgré mes peurs, mes maladresses. Mais je ne maîtrise pas les fruits de toutes les actions que j'entreprends. Pire, le plus souvent, comme saint Paul, « *je ne fais pas le bien que je veux et je commets le mal que je ne veux pas*[1] » !

En réalité, je peux semer, je peux arroser, je peux moissonner mais ce n'est pas moi qui ai créé la graine, ni moi qui lui donne la croissance. Ce n'est pas moi qui fais germer, pousser, éclore… Dieu est le seul maître de la vie, il est aussi le seul capable de faire porter du fruit à ma pauvre vie. Lui, il sait ce qui est bon pour moi, pour les autres. C'est lui seul qui peut utiliser mes actes, mes prières, mon être et même mes défauts et mes chutes pour leur faire porter du fruit, souvent à mon insu, pour épargner mon orgueil. La seule chose que j'aie à faire, c'est de me brancher sur lui, me brancher sur la vigne pour ne pas rester

1. Rm 7, 19.

un sarment desséché, mais bien un sarment qui donne du fruit, pour sa gloire. C'est d'avoir cette disponibilité de cœur qui donne à l'Esprit Saint la liberté d'agir dans ma vie.

Il en est de même pour Azélie. Comment sa petite vie de bébé, de bébé handicapé, malade, pouvait-elle porter du fruit ? Azélie ne pouvait faire aucune action éclatante. Elle a simplement vécu sa petite vie de bébé dans un abandon total entre nos mains.

« *Quand je suis faible, c'est alors que je suis fort* », dit saint Paul.

« *Ma force se déploie dans ta faiblesse* », lui dit Jésus (2 Co 12, 10.9).

« *Ce qu'il y a de faible dans le monde, voilà ce que Dieu a choisi pour confondre les forts* » (1 Co 1, 27).

C'est justement lorsque nous ne pouvons rien faire que Dieu *peut faire* à travers nous. Nos capacités humaines sont souvent un obstacle à l'action de Dieu dans nos vies. Tant que nous y arrivons par nos propres moyens, pourquoi déranger le Maître ? Tant que l'enfant dit « Moi tout seul ! », le père aimant ne peut pas lui venir en aide. Il respecte sa liberté. C'est pour cela que parfois Dieu permet que nous vivions des situations d'impuissance. Des situations où, ayant fait tout ce qui était en notre pouvoir, nous nous trouvons limités. La seule solution est de nous tourner vers lui avec confiance. Trouvant alors une petite place pour lui, il peut commencer à agir dans notre vie avec tout son amour, pour notre plus grand bonheur ! Il attend parfois longtemps. Il est patient…

Totalement impuissante face à la maladie de mon bébé, je savais qu'en offrant cette petite vie à Dieu, lui pourrait agir à travers elle dans le monde.

Oui, toute vie peut porter du fruit, même malade sur un lit. Non pas par nos mérites ou par nos propres forces mais par pure grâce. Il suffit de le désirer, de le lui demander. Dieu le fait pour notre plus grande joie !

De nombreux témoignages nous sont parvenus comme des cadeaux, signes que nos prières ont été exaucées et le seront peut-être encore…

En voici quelques-uns…

Cassandra

Je suis sage-femme, et j'ai accompagné Aurélie lorsqu'elle était enceinte de son bébé Azélie. Je sais que le Seigneur les a choisies, elles, pour pouvoir, enfin, me prendre dans ses bras. Par elles, il s'est approché de moi et je me suis laissée toucher.

De mon chemin avec Dieu, Aurélie n'a rien su sur le moment. Pendant trois ans, j'ai gardé le secret de ma gratitude. Je ne m'étais pas autorisée à la joindre. Perdre son enfant est une blessure immense. J'avais peur d'être indélicate ou intrusive. Un jour de juin 2019, j'ai osé la contacter pour lui dire l'importance de notre rencontre.

Aurélie était émue, elle m'a parlé de sa prière : « Que la petite vie d'Azélie porte de nombreux fruits. »

L'été qui a suivi notre conversation, le 1er août 2019, mon fils Benoît est mort d'un accident de montagne, il avait 25 ans. Benoît était doux, joyeux et il savait trouver les trèfles à quatre feuilles. Je crois que cela le reliait à sa grand-mère, il avait 12 ans lorsqu'elle est morte.

« Maman, l'amour sera plus fort que la peur », avais-je dit à ma mère lorsque nous avions appris sa maladie. Ma mère était hospitalisée, maigre, fragile, vulnérable et la mort venait, inéluctable. Dans ma tristesse, soutenue par le désir de la voir sourire, je cherchais des trèfles à quatre feuilles et je les lui portais. Ils me furent donnés, nombreux. Ils amenaient fantaisie et amour à ma mère. Le cancer foudroyant envahissait son corps, j'étais faible et impuissante mais j'avais cela, je pouvais voir des trèfles à quatre feuilles. Je les offrais à ma mère mourante et elle souriait.

Les trèfles à quatre feuilles sont rares, ils portent une anomalie qui les rend précieux. Azélie était ainsi, comme un petit trèfle à quatre feuilles. Du trop, de l'anomalie que porte le bébé, de la douleur et de la mort charnelle advient le miracle.

Durant l'été 2015, Aurélie s'est présentée à ma consultation. La première fois que j'ai rencontré Azélie, elle était dans le ventre de sa maman.

Aurélie m'a parlé de ses craintes, de ses peurs. Elle allait mettre au monde un bébé dont la vie serait courte. Des mots me sont venus : « N'ayez pas peur. C'est un chemin de vie, celui que vous ferez avec votre bébé. » De mon expérience de sage-femme, de ma vie, de la mort de ma mère, j'avais appris cela : la Vie est plus grande que la biologie, l'Amour porte la Vie indestructible en lui.

Aurélie est devenue pensive et souriante : « J'aurai la force… des grâces me seront données et je pourrai traverser ce que nous avons à vivre. » Je voyais sa peine, mais aussi une joie qui ne pouvait pas venir de la situation. Je ne connaissais pas ce mot : « grâce ». Je lui ai demandé de m'expliquer, Aurélie m'a dit : « La grâce est ce que Dieu nous donne, par amour, non parce que nous le méritons, mais parce qu'il nous aime et qu'il nous soutient. »

Toute ma vie, j'avais cherché Dieu. Je n'ai pas eu d'éducation religieuse, l'Église catholique m'effrayait, elle me semblait un océan où j'aurais voulu nager mais dont les vagues m'auraient rejetée sur la berge… Je ne trouvais jamais le passage favorable.

Ce jour-là, nous avons parlé du prénom Azélie, de Thérèse de Lisieux et de ses parents, Louis et Zélie. Ma mère aimait sainte Thérèse, je me souvenais de cela. J'ai noté sur ma feuille de consultation : Louis et Zélie Martin. C'est fou de noter cela ! Nous avons échangé, mon cœur était aux aguets, un peu étonné, et moi, j'étais touchée par la confiance qui enveloppait Aurélie.

J'ai cherché pour elle le numéro de l'aumônerie catholique, elle souriait : « Oui ! C'est une bonne idée ! Merci, je les appellerai. »

Elle m'a parlé de mille choses, je voyais qu'elle ne cherchait pas de réponse dans la médecine; elle s'ancrait dans un ailleurs, où régnait un Autre. « Ah, je dois changer un rendez-vous », me dit-elle. Elle voulait se rendre à une rencontre à Paray-le-Monial. Elle le savait: les rendez-vous médicaux étaient importants, mais elle ne s'accrochait pas à la médecine, son désir et sa confiance la portaient vers Jésus, elle me le disait.

Je regardais Aurélie, il faisait chaud, elle portait un short en jean, elle posait ses mains sur son ventre, elle se rassurait et rassurait son enfant. Le bébé était là et cette vie serait vécue dans son entièreté. Ce n'était pas un dogme qui indiquait le chemin. Je suis une sage-femme expérimentée, je sais reconnaître lorsqu'une femme est habitée par ce qu'elle dit. L'entretien terminé, nous nous sommes quittées et je pensais à Thérèse de Lisieux.

Cet été-là, dans mes rêves, des mots d'Aurélie revenaient et agissaient en moi. Pendant les vacances j'ai lu les évangiles; j'ai vécu dans ma chair *la rencontre avec Jésus*. La foi est intime. Le miracle de me savoir aimée de Dieu s'est produit!

À l'automne 2015, Azélie est née. J'ai vu sa maman sourire et pleurer. À la maternité, Aurélie m'a parlé: « Les aumônières sont venues, nous avons communié, Il est avec nous. »

Chacun de nous, soignants, a été touché dans son humanité par Azélie et sa famille.

Jésus s'est donné à nous, il s'est rendu visible dans la vulnérabilité de la petite Azélie, je le crois.

Six mois après le décès d'Azélie, pour la fête du Sacré Cœur de Jésus, j'ai communié pour la première fois. Mon mari et moi nous sommes mariés à l'Église, un dimanche de la messe paroissiale, après des années de mariage civil. Mon mari aussi a fait sa première communion, puis nous avons reçu ensemble le sacrement de la confirmation… Et j'aime maintenant rendre visite à mes sœurs de l'aumônerie à l'hôpital.

Moi qui avais eu tant de mal à trouver comment entrer dans l'Église, un tout petit enfant m'a invitée et montré le chemin.

Parfois le curé de ma paroisse sourit en me voyant et il dit : « Ah ! Avec Cassandra, il n'y a rien de convenu. » Oui ! C'est vrai ! Et je crois que, pour cette raison, le Seigneur m'a fait entrer dans son Église par la toute petite porte d'Azélie.

L'Amour choisit son chemin pour nous consoler. Azélie, dans ma vie, est l'un de ces chemins.

Bénédicte

Je ne vous connais pas mais aujourd'hui, dimanche, Azélie, tel un ange, est venue me visiter et ma journée en est tout ensoleillée. Votre histoire me bouleverse et elle est un merveilleux témoignage d'amour, d'espoir et de vie éternelle, car Azélie qui n'a fait qu'un court passage sur la terre est venue aujourd'hui me faire un signe. Merci.

Valérie

La jeune maman que je suis a suivi la petite vie d'Azélie… Je ne sais pas trop comment d'ailleurs. Je voulais vous remercier, Madame, de m'avoir fait réaliser combien l'amour de Dieu était grand, combien les petits bonheurs du quotidien étaient à valoriser et à apprécier ! Et surtout, je vous remercie du plus profond de moi pour la force que vous m'avez transmise en acceptant de témoigner comme cela. Je ne vous connais pas mais vous assure qu'Azélie fait partie de notre vie avec mon petit bonhomme. On priait ensemble pour elle il y a quelques jours. Nous lui demandons à présent de veiller sur notre famille. Comme elle le fait pour vous, j'en suis sûre.

Anonyme

Merci pour votre témoignage de foi incroyable. Catholique pratiquante je suis chamboulée, un coup de pied aux fesses ! Merci Azélie, je prie pour toi et ta famille depuis un mois, tu as bousculé ma foi si tiède.

Anne-Laure

« Ne vous inquiétez pas de l'avenir mais veillez et priez pour recevoir dans la foi la grâce de tenir debout dans les épreuves. » Voilà la prière que je fais pour vous et que je ferai tout au long de l'Avent que j'ai décidé de consacrer aux enfants différents, à naître ou déjà nés, et à leurs familles. Azélie est le moteur de ce cheminement spirituel ! Cette petite puce a changé mon cœur et la vision de mes propres enfants. En union de prières.

Anne-Laure

Je pense très fort à vous ce soir et à votre jolie Zélie qui vient de nous quitter. Bravo pour ce beau chemin de foi ! Quelle belle vie vous avez permis de vivre à votre fille, aussi courte soit-elle ! J'ai lu aujourd'hui cette phrase de sainte Zélie qui me touche particulièrement et que je vous partage en espérant qu'elle vous porte : « Nous devons nous mettre dans la disposition d'accepter généreusement la volonté du Bon Dieu, quelle qu'elle soit, car ce sera toujours ce qu'il peut y avoir de meilleur pour nous » (Lettre de Zélie à Pauline, mai 1877).

Céline

Chère Aurélie, Vous m'avez beaucoup aidée en partageant votre parcours et votre douleur en différents points : malgré mes 30 ans, je n'ai reçu la communion que l'an passé. C'est vous dire que ma vie chrétienne est toute « fraîche », et voir évoluer votre famille dans ces épreuves m'a permis de renforcer mon amour pour Dieu ; car si vous arrivez à vivre ces épreuves, je peux surmonter les miennes, bien moins importantes, avec son aide. De cela je vous remercie. Votre unité familiale m'a fait prendre conscience que trop souvent, pour me protéger, ma famille m'a tenue éloignée de la maladie, de la mort et qu'inconsciemment je refais de même avec mes quatre enfants ; je sais aujourd'hui, grâce à Azélie, qu'une fratrie peut tout traverser à travers l'amour de ses parents. Mon message est peut-être maladroit mais jamais je ne pourrais vous expliquer à quel point Azélie, vous et votre famille avez bousculé ma vie, mes pensées, mes prières, mon cœur à jamais. Je ne vous remercierai jamais assez pour cela. Je vous envoie tout plein de bisous pour votre magnifique petit ange et tout mon courage pour vous aider dans ces jours douloureux. J'aurais aimé être à vos côtés, mais l'éloignement géographique ne me le permet pas. Tendres pensées.

Cécile

Bonjour, je suis en train de faire la cuisine et j'entends ma petite Louise de 4 ans chanter à tue-tête : « Je te bénis mon créateur… (pour la merveille que je suis, tous ces trésors au fond de moi que tu as mis sans faire de bruit). » Et je pense à Azélie… J'ai vu que vous aviez chanté ce chant vendredi, pour son enciellement. Je ne sais pas pourquoi ma fille le chante ce matin, mais j'y vois un petit « clin Dieu ». L'occasion pour moi de vous remercier pour votre témoignage. Il m'a émue, bouleversée, choquée parfois aussi mais en même temps, il m'a tellement fait réfléchir. Merci d'avoir témoigné et merci Azélie car tout petit être que tu fus, tu as réussi à faire bouger les lignes chez des grandes personnes comme moi, à me faire poursuivre mon chemin vers Dieu. Je pense fort aussi à vous et à votre famille.

Anne-Laure

Bonsoir. Je vais me coucher le cœur gros ce soir. Je ne fais jamais cela d'habitude mais je me permets de vous écrire. Je ne sais pas si vous vous souviendrez de moi. Je m'appelle Anne-Laure, je suis infirmière aux urgences pédiatriques et j'ai pris soin de votre petite Azélie cet après-midi. Je suivais déjà votre histoire avant de vous rencontrer en vrai. Je suis marquée par votre histoire et par la vie d'Azélie.

Je voudrais juste vous dire merci pour votre combat et merci pour la vie de votre petite fille. Elle est belle, elle se bat doucement pour la vie et vous l'accompagnez. Et vous l'accompagnerez jusqu'à sa mort. Aujourd'hui, il est rare de rencontrer des personnes qui croient en la vie plus forte que tout, et qui croient que chaque être a le droit à la vie, malgré son handicap, malgré sa maladie. En tant que maman, j'ai été récemment confrontée à ces questions si difficiles de choix de vie et à ces douloureuses remarques que le corps médical nous lance parfois. Je me suis battue car on voulait nous imposer une amniocentèse, un caryotype, lorsqu'on a découvert des malformations et un problème de croissance au bébé que je portais. Nous avons vécu dans l'angoisse, mais en même temps dans une vraie sérénité, la fin de ma grossesse, qui s'est arrêtée à 29 SA, avec l'immense chance d'accueillir notre petit Paul en pleine santé. Il s'est battu pour vivre et aujourd'hui, il va très bien. En tant que professionnelle, votre histoire m'interpelle et me montre encore que chaque parent, chaque maman, chaque enfant a son histoire propre et qu'on se doit de la respecter. Mon rôle de soignante est d'accompagner, pas de juger. Ce soir, je me sens différente parce que je connais Azélie. Je me sens différente parce qu'elle m'a marquée à tout jamais. Et parce que sa maman m'a marquée à tout jamais. Je m'endors en pensant à elle et je ne sais pas si je la reverrai demain. Ce soir, elle montrait sa fatigue et ses difficultés à respirer. Alors je lui ai parlé et je lui ai dit de vous attendre tranquillement pendant que vous vous occupiez des grands. Que vous alliez revenir. Je m'endors en pensant à Azélie et en espérant que sa vie dure encore. Je la porte dans mon cœur et dans mes prières ce soir. J'espère vous revoir demain matin. Et en même temps je vous saurais tellement mieux chez vous. Merci pour cet exemple de vie que vous donnez et pour ce calme dont vous faites preuve. Bonne nuit, petite Azélie.

Marie

J'ai découvert ta douce Azélie à Lyon grâce à « Tombée du nid », la nuit du Bataclan, alors que j'allaitais mon tout petit Paul. [...] Je pense très souvent à elle en voyant Paul grandir, et en me disant que je ne l'ai pas rencontrée sur Terre, mais qu'un jour, j'aurai l'honneur de la rencontrer au Ciel, ainsi que mon minuscule bébé qu'elle a dû accueillir en janvier auprès d'elle... Quel soulagement de savoir que cette petite âme n'est pas seule là-haut.

Lætitia

Elle a tellement marqué ma vie, cette petite princesse que j'ai eu la grande chance de connaître et de prendre dans mes bras. Sa force de vivre, son innocence et cette lumière qu'elle dégageait, cette force qu'elle m'a donnée en cadeau, qui m'a aidée à ce moment-là de ma vie et qui m'aide encore aujourd'hui quand ça ne va pas. Merci petite princesse, tu me donnes la force dont j'ai besoin dans les moments difficiles de ma vie. Merci petit ange de veiller sur nous. Jamais je ne t'oublierai.

Zoé

Je me permets un petit message pour vous dire que je pense fort à vous [...] Et vous remercier aussi ; grâce à vous je chemine sur la voie de l'apaisement, de l'acceptation de la vie avec tous ses aléas... Bons et mauvais moments...

[...] Si vous saviez comme vous lire me fait du bien... Vivre au jour le jour et profiter de tous les bons moments a toujours été mon but, mais parfois on se disperse sur des choses sans grand intérêt. Un immense merci pour tout cet amour partagé.

Alexandra

Petite Azélie Jolie... Ta petite vie m'a émue tellement fort... Alors que *Petit Frère* était encore au chaud au creux de moi, son petit chromosome 21 en plus qui m'effrayait quand même toujours un peu... Tu étais là, aimée, tellement aimée... Tu étais parfaite, simplement parce que tu étais toi… Le courage de ta maman m'a bouleversée… Toi, si petite mais si remplie d'amour et faisant naître tant d'amour .. Grâce à toi, *Petit Frère* a pu arriver dans des bras aimants et apaisés qui comprenaient doucement que la différence… ce pouvait être juste magnifique… Parfois atrocement douloureux mais apaisant, certainement, et baigné de tant d'amour et de tant de belles rencontres qu'on n'aurait jamais imaginées… Alors MERCI encore à ta maman qui a été là avec son courage et sa force… Qui, sans le savoir, même sans me connaître en « vrai », m'a montré que la Vie… c'est la Vie… et que même toute petite, elle vaut la peine de s'y accrocher et de tout faire pour simplement… prendre le temps d'aimer… Petite Azélie, reçois cette lumière pour illuminer ton Ciel… Et veille sur ta maman, ton papa, ton frère et ta sœur, sur ta famille… Que le monde à travers toi puisse voir la Vie.

Marie

Chère Aurélie, c'est grâce à votre page – que j'ai découverte quelques jours avant mon accouchement – et à votre magnifique petite fille qui m'a bouleversée, que j'ai pu donner naissance paisiblement et dans la joie à ma fille Apolline, porteuse de trisomie 21.

Azélie, pendant sa toute petite vie, a eu le temps d'accomplir un premier « miracle ». Merci de nous avoir fait connaître Azélie. Azélie et Apolline ont été un chemin de conversion pour moi. Je vous embrasse, en espérant avoir la joie de vous rencontrer un jour.

Anonyme

Chère Azélie, tu es magnifique et tes parents peuvent être sacrément fiers de toi pour t'être battue pour passer ces jours avec eux et ta famille. Dis-leur que le témoignage de ta petite vie m'aide à être une meilleure maman pour mes trois enfants, parce qu'il me fait réaliser que nos petits soucis du quotidien ne sont rien et qu'il faut savoir profiter de chaque instant avec vous.

Quand ma petite fille, née cet été, se réveillera de sa sieste, je l'embrasserai en pensant à toi.

Azélie, prends bien soin de tes parents de là-haut. Que ton étoile brille très fort, à l'image de ton passage parmi nous. Signé : une maman, tout simplement.

Constance

Bonjour, je souhaite vous partager un fruit de la petite vie de votre Azélie. J'ai suivi son histoire alors que j'attendais mon premier enfant. Grossesse un peu surprise, très mal vécue. J'étais en révolte… Petit à petit, votre témoignage de maman a modelé mon cœur et a permis de l'ouvrir un peu mieux à l'accueil de mon bébé. Il n'y a rien eu de spectaculaire, seulement dans le secret des cœurs… et je sais qu'Azélie y a contribué. Merci !

Domitille

Cela fait quelque temps que je souhaite vous écrire et je n'ose pas vraiment. Je souhaite vous remercier d'avoir partagé votre histoire avec nous. Je l'ai suivie l'année dernière, étant moi-même enceinte, et nous avons accompagné de nos prières chacune de vos journées. Nous avons été tellement touchés par la lumière dégagée par votre Azélie que nous avons décidé que notre petite fille porterait le même prénom, en espérant qu'elle ait une vie tout aussi lumineuse. Un immense merci donc de nous avoir insufflé une si belle inspiration ! Notre Azélie aura donc 1 an le 12 février prochain et nous avons chaque jour, en prononçant son prénom, une pensée pour votre petite fille ! Je vous souhaite beaucoup de bonheur et de belles choses à tous les quatre, sous le regard de votre petit Astre lumineux.

Poème (de Poupa et Mamie Hélène)

A*zélie, Aurore, Amour infini,*
Z*éphyr, brise légère, caresse furtive,*
É*toile mystérieuse dans nos vies,*
L*umière ineffable,*
I*cône toute belle, innocente, immaculée,*
É*ternelle enfant dans le cœur de Dieu,*
Quand je pense à toi, je souris.
Tu es apparue, telle une étoile filante,
Comme une promesse de vie, inattendue,
Qui nous a tous remplis de joie.
Tu n'es pas seulement passée parmi nous,
Sous perfusion de vie, sous perfusion d'amour,
Au creux de ta maman, au cœur de ton papa
Tu as imprimé notre cœur de ta douce présence.
Tu nous as donné à contempler ta fragilité.
Tu nous as aidés à grandir en humanité.
Nous t'avons aimée intensément,
Tu nous as aimés passionnément
Et tu nous aimes encore pour l'éternité…
Petite sainte parmi les saints,
Toi que nous avons portée dans nos bras,
Qui reposes désormais dans les bras de Jésus,
Veille sur nous et prie pour nous.

Épilogue

Six ans plus tard

18 septembre 2021. Ce soir, les Grenoblois sont invités à une soirée de retrouvailles « post-session Paray ». Nous y sommes en effet retournés en juillet dernier avec les enfants… et notre passe sanitaire. Après un temps de prière masqué, nous nous retrouverons, démasqués, autour d'un verre de l'amitié.

J'ai les yeux fermés, j'essaye d'ouvrir mon cœur. Nous venons de chanter un chant à l'Esprit Saint dans la magnifique basilique du Sacré-Cœur de Grenoble entièrement rénovée, et magnifiée par vingt-quatre splendides vitraux du peintre Arcabas. Une voix s'élève dans le groupe :

> *Et voici que quelqu'un s'approcha de Jésus et lui dit : « Maître, que dois-je faire de bon pour avoir la vie éternelle ? » Jésus lui dit : « Pourquoi m'interroges-tu sur ce qui est bon ? Celui qui est bon, c'est Dieu, et lui seul ! Si tu veux entrer dans la vie, observe les commandements. » Il lui dit : « Lesquels ? » Jésus reprit : « Tu ne commettras*

pas de meurtre. Tu ne commettras pas d'adultère. Tu ne commettras pas de vol. Tu ne porteras pas de faux témoignage. Honore ton père et ta mère. Et aussi : Tu aimeras ton prochain comme toi-même. » *Le jeune homme lui dit :* « *Tout cela, je l'ai observé : que me manque-t-il encore ?* » *Jésus lui répondit :* « *Si tu veux être parfait, va, vends ce que tu possèdes, donne-le aux pauvres, et tu auras un trésor dans les cieux. Puis viens, suis-moi* » (Mt 19, 16-21).

Tiens, c'est drôle, ce monsieur qui a ouvert sa bible *au hasard* est tombé sur le texte de l'Évangile du *jeune homme riche* : exactement celui qui avait été lu à Paray-le-Monial en août 2015 ! Et justement, hier soir, j'ai eu la grande joie de recevoir la réponse de Mgr Rey qui avait alors commenté ce texte : il accepte d'écrire la préface de ce livre que j'achève d'écrire (à l'heure où j'écris ces lignes) et que vous achevez de lire (à l'heure où vous lisez ces lignes).

Ce soir, pendant ce temps de prière, ces paroles de Jésus nous sont *données*. Je les reçois avec beaucoup de paix et de joie. Je ne peux m'empêcher de me remémorer cette « journée-fontaine » de 2015 durant laquelle le Seigneur m'avait accordé la grâce de lui donner… mon bébé.

Aujourd'hui, fatiguée des disputes des deux grands, des difficultés professionnelles et des soucis de la vie quotidienne, je me demande : Et si le Seigneur m'invitait aujourd'hui par ce texte à lui *donner* aussi mes autres enfants ? Leur vie aussi est entre ses mains ! Son Esprit

Saint peut agir dans leurs cœurs et dans leurs vies à eux aussi ! Je n'ai pas à m'inquiéter ! Et mon travail aussi est entre les mains du Seigneur, comme tous les aspects de ma vie !

Ce que nous avons vécu avec petite Azélie, cet abandon entre les mains du Seigneur qui nous aime, cet acte de confiance, nous pouvons le renouveler dans toutes les circonstances de nos vies. Dans toutes nos épreuves, nous pouvons nous tourner vers lui. Nous pouvons lui offrir tout ce qui nous pèse, nous affecte, tout ce qui nous fait souffrir. Nous pouvons aussi lui offrir nos joies, nos espérances, nos projets, nous en déposséder pour lui en laisser la gestion afin que *sa volonté d'amour* se fasse plutôt que la nôtre, souvent bien étriquée…

Car j'en ai tellement fait l'expérience : le Seigneur est présent dans nos vies pour peu que nous lui laissions un peu de place. Le Seigneur agit dans nos vies lorsque nous renonçons à tout faire à la force de nos petits poignets. Il agit dans nos vies pour leur faire porter du fruit, bien au-delà de nos projets humains ou de nos capacités humaines. Il peut même faire porter du fruit à nos pauvretés, à nos incapacités ! Car le Seigneur a un merveilleux plan d'amour pour chacune de nos vies. Pour l'accomplir, il n'attend pas notre perfection, mais juste notre disponibilité. C'est une source de grande joie !

Parfois, je m'inquiète lorsque je vois le démon tellement à l'œuvre dans le monde, dans la société, dans les familles, dans l'Église… Le mal est appelé bien, le bien est appelé mal… Tout me paraît à l'envers ! Je me demande vers quoi nous allons, ce que va devenir notre humanité !… Alors je pense à cette phrase prononcée par la Vierge Marie à Fatima (Portugal) en 1917 : « *À la fin*, mon cœur immaculé triomphera » et je m'accroche chaque jour à mon chapelet. Marie est notre mère. Si je tiens sa main, si je la prie, je ne crains rien. Le mal peut se déchaîner, Marie triomphera ! Alors non, je n'ai plus peur de l'avenir, une paix et une joie profondes habitent mon cœur…

Marie est notre mère. Elle est l'Ève nouvelle, l'Immaculée, entièrement disponible à l'Esprit Saint. Elle est la femme des douleurs qui se tient *debout au pied de la croix* de son fils. Elle est aussi cette femme couronnée d'étoiles, celle qui écrasera la tête du serpent. Car j'en suis persuadée, si Dieu a un plan d'amour et de bonheur pour chacune de nos vies, il a également un merveilleux plan d'amour et de bonheur pour l'humanité tout entière. Et avec toute l'Église, j'ai hâte qu'il s'accomplisse ! Seigneur, « que ton règne vienne ! » dit la prière du *Notre Père*. Que ton règne vienne dans ma vie, que ton règne vienne dans ma famille, que ton règne vienne dans le monde… Voilà ma prière aujourd'hui !

En 1995, deux ans après ma *rencontre* avec Jésus, j'ai eu la joie de participer à un pèlerinage à Medjugorje, petite ville de Bosnie-Herzégovine où la Vierge Marie apparaîtrait depuis le 26 juin 1981. L'Église ne s'est pas prononcée sur ces événements qui ne sont pas terminés, mais les pèlerinages diocésains y sont désormais autorisés. Je connais plusieurs personnes qui y ont retrouvé l'amour de Dieu.

Marie y invite ses enfants à revenir à son fils Jésus, à prier avec le cœur, à jeûner, à se nourrir de la parole de Dieu (la Bible) et de l'Eucharistie (la messe, l'adoration), à vivre la confession mensuelle pour en être guéris et renouvelés. Elle nous invite à prier pour la Paix, spécialement le rosaire qui est une arme puissante contre les forces du mal.

Dans les temps difficiles que nous vivons, j'aime écouter les messages que l'une des voyantes, Marija, reçoit encore le 25 de chaque mois. J'ai été particulièrement touchée par celui qui fut donné le 25 septembre 2021, alors que je terminais d'écrire cette histoire que nous avons vécue avec notre bébé. Il me semble tellement faire écho à l'enseignement de la petite vie d'Azélie que j'ai le désir de vous le partager. Ce seront les derniers mots de ce livre.

Vierge Marie, avec petite Azélie et tous les saints du Ciel, nous nous confions à ta prière et à ta protection maternelle. Fais que nos vies portent beaucoup de fruits et conduis-nous sur le chemin du bonheur éternel. Alors, nous aurons réussi nos vies !

Chers enfants, priez, témoignez
et réjouissez-vous avec moi
car le Très Haut m'envoie encore
pour vous guider sur le chemin de la sainteté.
Soyez conscients, petits enfants, que la vie est courte

et que l'éternité vous attend
pour glorifier Dieu de tout votre être
avec tous les saints.
Ne vous préoccupez pas, petits enfants,
pour les choses terrestres,
mais languissez après le Ciel.
Le Ciel sera votre but
et la joie commencera à régner dans votre cœur.
Je suis avec vous
et je vous bénis tous de ma bénédiction maternelle.

Remerciements

Merci à toi petite Marie « Tombée du nid », et merci à vous tous *ses amis*. C'est grâce à vos témoignages que nous avons pu accompagner ainsi la petite vie d'Azélie.

Merci à chacun de vous, soignants, qui avez pris soin de moi et d'Azélie tout au long de sa petite vie, avec beaucoup de délicatesse. Merci à toi, mon cousin qui as pris du temps pour m'écouter et me conseiller. Merci professeur Réthoré et docteur Ravel de l'Institut Jérôme-Lejeune pour votre attention.

Merci à vous, les amis, et à vous tous que nous ne connaissons pas, qui nous avez portés par vos prières. Cette aide invisible a peut-être été la plus importante !

Merci à nos familles proches et lointaines, spécialement à nos parents qui nous ont entourés, soutenus et aidés concrètement pendant cette aventure et qui continuent de le faire.

Merci à vous, mamans de bébés porteurs de trisomie 18, qui m'avez accordé du temps pour partager ce que vous aviez vécu et répondre à mes questions.

Merci au parrain et à la marraine d'Azélie d'avoir accepté cette mission très spéciale. Maintenant, elle prie pour vous.

Merci à l'équipe de l'aumônerie de l'hôpital qui nous a accompagnés quotidiennement, nous apportant le plus grand trésor : Jésus Eucharistie.

Merci à vous, Sylvie, Jacqueline et Olivia, d'avoir été présentes et de nous avoir chouchoutés à ce moment clé de la petite vie d'Azélie.

Merci aux paroissiens, au père Sante, au père Sébastien et à l'Office catholique des pompes funèbres de Grenoble pour votre accompagnement et votre prière.

Merci, petite sœur Marie-Alexandra, petite sœur Angela et petit frère Louis-Marie de la Communauté de l'Agneau pour votre prière et votre présence à nos côtés le jour de l'enciellement d'Azélie.

Merci à vous, Céline et Cécile, qui vous êtes lancées avec confiance pour conduire les chants des célébrations du baptême et de l'enciellement d'Azélie. Merci à la chorale.

Merci à vous, nos amis et familles qui avez fait un long voyage pour vivre l'enciellement d'Azélie avec nous. Merci à la maman de Céleste et au papa de Claire-Marie, deux autres bébés porteurs de trisomie 18, ainsi qu'à Didier mon parrain et Florence ma marraine, pour votre présence auprès de nous.

Merci à vous, qui avez partagé votre témoignage, en public ou en privé, dont certains sont publiés dans ce livre. Grâce à vous, nous pouvons contempler quelques fruits de la petite vie d'Azélie.

Merci à toi Hélène, éditrice aux Éditions Emmanuel, ainsi qu'à toute l'équipe d'avoir si bien accueilli ce projet et de m'avoir accompagnée dans cette aventure d'écriture !

Merci à vous, Mgr Dominique Rey, pour la préface que vous avez rédigée pour cet ouvrage. J'espère de tout cœur vous rencontrer un jour pour vous en remercier de vive voix.

Merci, cher Philippe, pour ce dessin à l'encre de chine que tu m'as offert après la mort d'Azélie. Merci d'avoir accepté qu'il soit utilisé pour la couverture de ce livre.

Merci à vous les jeunes de la fraternité Notre-Dame Mère de la Lumière qui priez le chapelet tous les soirs en live sur YouTube. Avec vous, je suis heureuse de tenir chaque jour la main de Marie. À plusieurs, c'est plus facile !

Merci à chacun de vous que je n'ai pas nommé et qui vous sentez peut-être oublié. Veuillez me pardonner…

Merci au Seigneur pour toutes les grâces qu'il nous a accordées à travers la petite vie d'Azélie et pour tous les fruits visibles et invisibles qu'il veut encore lui faire porter !

Merci à toi, petite Azélie, d'avoir partagé notre vie. Maintenant que tu es près de Jésus, prie pour nous et pour tous tes amis !

Merci à vous qui avez pris le temps de lire cet ouvrage jusqu'à la dernière ligne. Puissions-nous nous retrouver un jour au Ciel dans la joie éternelle !

Table des matières

PRÉFACE 9
PRÉAMBULE 11

PREMIÈRE PARTIE : ÊTRE

Surprise ! 17
Félicité 21
Aujourd'hui, tout va bien ! 25
Numéro 18 30
Azélie 31
Tableau noir 32
La faire vivre 34
Cauchemar 35
« Amazing Grace » 38
Chemin de vie 40
Le cœur d'Azélie 43
Tiraillements intérieurs 45
Jésus a un Cœur 47
La grâce de Paray 52
Chalo 55
Prière pour les malades 57
Guérie ou pas ? 59
Ce n'est pas un drame ! 61

Que sa petite vie porte beaucoup de fruits ! 63
Moi, j'en veux pas de ce bébé ! 66
Bouche-à-oreille 67
C'est la rentrée 69
L'épreuve 71
Projet de naissance 74
Trousseau 78
Louis et Zélie 79
Bonnes nouvelles 82
45 bougies 84
Institut Jerôme-Lejeune 86
Doudou 88
Le gâteau 89
Toussaint 90
L'attente 92

DEUXIÈME PARTIE : VIVRE

Toute rose 99
Premier jour 101
On sait de quoi va mourir Azélie 103
Sauver Azélie 105
J'ai confiance en toi 107
Ils ont écouté leur cœur 109
Bye bye néonat 111
La vie à la maternité 115
Le témoignage d'Azélie 117
Je n'en peux plus ! 119

Feu vert! 120
À la maison 122
Le baptême 124
Le quotidien 127
Un week-end mouvementé! 130
Elle a faim! 133
Le dernier jour 138

TROISIÈME PARTIE : MOURIR

Le moment qui devait arriver est arrivé 143
Petite princesse Azélie 145
Entre la terre et le Ciel 146
Enciellement! 148
Tout est accompli 152
Le temps du deuil 154
Mots d'enfants 158
Bonus! 163

QUATRIÈME PARTIE : FRUITS

« Seigneur, que sa petite vie porte beaucoup de fruits ! » 169

ÉPILOGUE 189
REMERCIEMENTS 195

Éternelle Nativité

Achevé d'imprimer en février 2022
sur les presses de la Source d'Or
58500 Clamecy
Numéro d'impression : 201783

Imprimé en France

Pour écrire à l'auteur : lapetiteviedazelie@gmail.com

www.editions-emmanuel.com